मीडिया

वाणी प्रकाशन
21-ए, दरियागंज, नई दिल्ली-110002
फोन : 23273167, 23275710
e-mail : vani_prakashan@yahoo.com
vani_prakashan@mantraonline.com

मीडिया

मूल रचना

यूरिपिडीज़

अनुवाद

देवेन्द्र राज अंकुर

वाणी प्रकाशन
4695, 21-ए, दरियागंज, नयी दिल्ली 110 002
शाखा
अशोक राजपथ, पटना 800 004
फ़ोनः +91 11 23273167 फ़ैक्सः +91 11 23275710
www.vaniprakashan.in
vaniprakashan@gmail.com
sales@vaniprakashan.in

MEDIA
by Yuripidiz
Translated by Devendra Raj Ankur
ISBN : 978-81-8143-039-7
Play

प्रथम संस्करण 2003
आवृत्ति 2018

मूल्य : ₹ 200

सिटी प्रेस, दिल्ली-110 095 में मुद्रित

वाणी प्रकाशन का लोगो मक़बूल फ़िदा हुसेन की कूची से

चरित्र

मीडिया : कोलकिस की शहज़ादी, जेसन की बीवी जो आइलक्स के बादशाह ऐसन का बेटा है

मीडिया और जेसन के दो बच्चे

क्रियान : कोरिंथ का बादशाह

ऐजियस : एथेन्स का बादशाह

मीडिया की धाय

मीडिया के बच्चों का मास्टर

सन्देशवाहक

कोरिंथ की औरतों का कोरस

[दृश्य : कोरिंथ में मीडिया के महल के सामने का हिस्सा। महल के भीतर से मीडिया की धाय मंच पर प्रवेश करती है।]

धाय : काश सिम्पलेगेडस की नीली चट्टानों को पार करके आर्गो कभी कोलकिस की ज़मीन पर न पहुँचा होता, न ही पेलियोन की किश्तियों में शाहबलूत के सूखे पेड़ गिरते, जो बहादुरों के हाथों के पतवार बने, जिन्होंने पेलियास के नाम पर सुनहरी यात्रा को सरंजाम दिया, अगर ऐसा न हुआ होता तो मेरी मलका मीडिया जेसन के प्यार की आग में भड़की, आइलक्स की ज़मीन की मीनारां के लिए न निकल पड़ती, न ही उसने पेलियास की बेटियों को अपने बाप के क़त्ल के लिए फुसलाया होता और अब यहाँ कोरिंथ में अपने पति, अपने बच्चों के साथ रह रही होती। उसने अपने वनवास के देश के लोगों को सुख पहुँचाया और खुद हर तरह से जेसन की मदद की। यही सबसे बड़ा मोक्ष है कि पत्नी और पति से अलग होकर न रहे। लेकिन आज हर तरफ नफ़रत-ही-नफ़रत है और प्यार मर चुका है, क्योंकि अपने बच्चों और मेरी मलका को छोड़कर जेसन ने यहाँ के बादशाह क्रियान की बेटी को अपनी हमबिस्तर बना लिया है, और बेचारी मीडिया अपमानित होकर उन वायदों को याद करके रोती है जो उन्होंने एक-दूसरे के दाहिने हाथ को

लेकर हमेशा के लिए किए थे। वह देवताओं से दुआ करती है कि वे आकर देखें कि जेसन ने उसके प्यार का कैसा बदला दिया है। वह बिना खाए-पिए पड़ी रहती है और अपने-आपको पीड़ा पहुँचा रही है...दिन का हर क्षण आँसुओं में डुबोती हुई। ऐसा तभी से चल रहा है जबसे उसे अपने आप इस अपमान के बारे में पता चला। बिना पलक झपकाए, बिना ज़मीन से अपना चेहरा उठाए...मानो एक चट्टान या उमड़ता समुद्री पानी। जब-जब उसे दोस्ताना सलाह दी जाती है, वह उसे सुनती है लेकिन कभी-कभी अपने बाप के नाम, अपने देश और अपने घर को याद करके, अपनी सफ़ेद गर्दन को मोड़कर अपने-आप में रोती है, उन सब चीज़ों को याद करके जिन्हें ठुकराकर वह एक ऐसे आदमी के साथ चली आई थी जो अब उसे अपमानित करने पर तुला है। बेचारी बच्ची, अपनी पीड़ा से उसे पहली बार अहसास हुआ है कि अपने देश को खो देना क्या होता है। वह बच्चों से विमुख हो गई है, और उन्हें देखना भी पसन्द नहीं करती। मुझे डर है कि कहीं वह कुछ ऐसा-वैसा न कर बैठे, क्योंकि उसका दिल उथल-पुथल से भरा है। अपने साथ किए जा रहे सलूक को वह कभी बर्दाश्त नहीं करेगी। मुझे मालूम है और इसीलिए डरती हूँ कि कहीं वह छुरी को तेज़ करके अपने हृदय में न घोंप ले, या महल में जहाँ सेज बिछी है वहाँ चोरी से पहुँचकर राजा और अभी-अभी दूल्हा बने जेसन को ही न मार दे और अपने ऊपर भी बड़ी तबाही ले आए। वह अजीब औरत है। मुझे पता है कि उससे दुश्मनी मोल लेकर बच पाना मुश्किल होगा। खैर, अभी तो बच्चे आ रहे हैं। उन्हें अपनी माँ की पीड़ा का कोई अन्देशा नहीं है। सच, जवान लोगों द्वारा शोक करना आम बात नहीं है।

[दाहिनी तरफ से गुलाम प्रवेश करता है जो मीडिया के दो छोटे बच्चों का शिक्षक है। बच्चे उसके पीछे आते हैं।]

शिक्षक : मेरी मालकिन के परिवार की बूढ़ी दासी, महल के द्वार पर अकेली क्यों खड़ी हो और अपनी बद-क़िस्मती पर रो रही हो?

मीडिया कभी नहीं चाहेगी कि तुम उसे अकेला छोड़ो।

धाय : बुजुर्गवार और जेसन के बच्चों के संरक्षक, अगर कोई अच्छा नौकर है तो बड़ी मुसीबत हो जाती है। जब अपने मालिक का भाग्य खराब हो जाए तो यह बात दिल को लग जाती है। इसीलिए मैं खुद ऐसे दुःख की शिकार हो गई हूँ और बाहर निकल आने की इच्छा से आई ताकि ज़मीन और हवा को अपनी मालकिन के दुःखों की जानकारी दे सकूँ।

शिक्षक : क्या बेचारी ने अपना रोना-धोना बन्द नहीं किया है?

धाय : बन्द? अभी तो शुरू किया है, अपने आँसुओं में डूबी शायद आधे तक भी नहीं पहुँची।

शिक्षक : अक्ल की मारी...अगर मैं अपनी मालकिन को ऐसे कहकर बुला पाऊँ...आगे आने वाली और ज़्यादा तक़लीफों से कितनी बेख़बर है वह?

धाय : आपका मतलब क्या है, बुजुर्गवार? बिना किसी डर के अपनी बात कहो।

शिक्षक : कुछ नहीं। जो कुछ अभी-अभी कहा है, उसे वापस लेता हूँ।

धाय : तुम्हें अपनी सफ़ेद दाढ़ी की क़सम। अपने साथ काम करने वाली नौकरानी से मत छुपाओ। अगर ज़रूरी हुआ तो मैं इस बारे में बिल्कुल ख़ामोश रहूँगी।

शिक्षक : जब मैं पवित्र फ़ौवारे के पास से गुज़र रहा था, जहाँ कौड़ियाँ खेलने वाले बैठे रहते हैं, वहाँ मैंने एक आदमी को कहते सुना, हालाँकि मैंने ऐसा ज़ाहिर किया कि मैंने कुछ भी नहीं सुना कि यहाँ का बादशाह क्रियॉन इन बच्चों और इनकी माँ को कोरिंथ से ज़िलावतन करना चाहता है। लेकिन उसने जो कुछ कहा, वह कितना सच है, मुझे नहीं पता। मैं दुआ करूँगा कि ये सच न हो।

धाय : और क्या जेसन ऐसा चाहेगा कि उसके बच्चे ऐसी तक़लीफ भुगतें, हालाँकि वह उनकी माँ का दोस्त नहीं रहा है?

शिक्षक : पुराने सम्बन्ध नये सम्बन्धों को जन्म देते हैं। जहाँ तक जेसन का सम्बन्ध है, उसे मोह नहीं रह गया है।

धाय : यह तो हमारे लिए काली रात जैसा है, जब हम पुराने दुःखों में नये दुःख जोड़ लेते हैं, जबकि अभी पहला आसमान ही

साफ नहीं हुआ है।

शिक्षक : लेकिन तुम ख़ामोश रहो और इन सब बातों को अपने तक ही रखो। अपनी मालकिन को यह सब बताने का सही मौक़ा अभी नहीं आया है।

धाय : सुनते हो बच्चो, कैसा बाप है तुम्हारा? काश! वह मर जाए...लेकिन नहीं, वह अभी मेरा स्वामी है। लेकिन फिर भी उसने अपने प्यारों के लिए अपने आप को कठोर ही साबित किया है।

शिक्षक : तो इसमें अजीब क्या है? क्या तुम्हें आज पता चला है कि आदमी अपने पड़ोसी से ज़्यादा अपने आप से प्यार करता है। कुछ के पास कारण होता है, दूसरे उसमें से कुछ ढूँढ़ लेते हैं। जैसे जेसन अपनी नयी पत्नी के कारण अपने बच्चों की अवहेलना कर रहा है।

धाय : बच्चो, अन्दर चलो। यही ठीक होगा। और आप, उन्हें ज़्यादा-से-ज़्यादा अपने में ही रहने दें। उन्हें गुस्सैल माँ के सामने मत पड़ने दें। मैंने माँ को लाल-लाल आँखों से उन्हें घूरते देखा है मानो वह कोई ग़लत काम करने पर आमादा हो और मुझे यक़ीन है कि उसका गुस्सा तभी ठण्डा होगा जब वह किसी को चोट न पहुँचा लेगी। काश! वह दोस्त न होकर कोई दुश्मन हो, जिसे वह चोट पहुँचाए।

[महल के भीतर से मीडिया की आवाज़ सुनाई पड़ती है।]

मीडिया : आह बदनसीब, आह पीड़ा की मारी, काश! मैं मर जाती।

धाय : क्या कहा था मैंने, प्यारे बच्चो? तुम्हारी माँ का कलेजा फटा जा रहा है और वह भी गुस्से में। जल्दी से अन्दर भाग जाओ और उसकी नज़रों से दूर रहो! उसके आस-पास भी मत जाना, लेकिन उस गर्वीले मस्तिष्क की क्रूरता और कठोर स्वभाव से सावधान रहना। जाओ। जल्दी से अन्दर भागो। यह साफ़ नज़र आ रहा है कि वह जल्दी ही अपनी चीखों के बादल में बिजली भर देगी, जो लालसा से उमड़ते आ रहे हैं। ओह, क्या करेगी वह...गर्व से तनी और अपने रास्ते पर न रुकने वाली एक ऐसी आत्मा जो किसी ग़लत इरादे से ग्रसित हो?

[शिक्षक बच्चों को भीतर ले जाता है।]

मीडिया : आह, जो मैंने भोगा है उस पर फूट-फूटकर रोया जाए, एक नफ़रत से भरी माँ के बच्चो, मैं तुमसे नफ़रत करती हूँ। मैं तुम्हें और तुम्हारे बाप को बद्दुआ देती हूँ। यह सारा महल भरभरा कर ढह जाए।

धाय : आह, बेचारी बच्ची, तुम पर दया आती है मुझे। तुम्हारे बच्चे अपने बाप की शरारत के लिए कैसे जिम्मेदार हो सकते हैं? तुम उनसे नफ़रत क्यों करती हो। बच्चो, कितना डरती हूँ मैं कि कुछ हो न जाए। बड़े लोगों के स्वभाव भी अजीब होते हैं, हमेशा अपनी बात पर अड़े और कभी भी नियन्त्रण में न रहकर वे मूड-दर-मूड बदलते रहते हैं। कितना अच्छा हो कि अपने पड़ोसी के साथ बराबरी की शर्तों पर जीने की आदत डाल ली जाए। मैं तो सीधे-सादे ढंग से बूढ़ी होना पसन्द करूँगी। जो कुछ सन्तुलित है, वही अच्छा है और हरेक के लिए व्यवहार में भी सबसे अच्छा है। महानता से लोगों को कोई फायदा नहीं पहुँचता। खुदा क़सम, जब गुस्से में हों तो महान लोगों के घरों पर ज़्यादा बरबादी बरपा जाती है।

[दाहिनी तरफ कोरिंथ की स्त्रियों का कोरस प्रवेश करता है। वे मीडिया के बारे में पूछताछ करने और उसे सांत्वना देने आई हैं।]

कोरस : मैंने कोलकिस की अभागी बेटी की आवाज़ और चीख सुनी। बूढ़ी माँ, मुझे बताओ कि क्या अभी आराम करने नहीं गई? महल के दुहरे दरवाज़ों के भीतर से मैंने उसकी चीख़ सुनी। इस घर के दुःख के लिए मुझे अफसोस है। लेकिन बताओ तो सही कि क्या हुआ?

धाय : यहाँ कोई घर नहीं बचा है। वह तो कब का टूटकर अलग हो चुका है। उसका पति अपनी शाही शादी में पूरी तरह से लिप्त है। जबकि वह मेरी मालकिन अपने कमरे में ज़ार-ज़ार रोती रहती है और किसी भी दोस्त की किसी भी बात का उस पर कोई असर नहीं होता।

मीडिया : काश! आसमान से बिजली गिरकर मेरे सर के टुकड़े-टुकड़े कर देती। ओह! अब मेरे जीने का क्या अर्थ रह गया है? मुझे अपनी मुक्ति मृत्यु में ही मिलेगी और मैं अपने पीछे नफ़रत से भरा संसार छोड़ जाऊँगी।

कोरस : ओ खुदा, धरती और जन्नत! क्या तुमने दुखियारी पत्नी की ऐसी चीख़ सुनी? ओ अभागी औरत! तुम उस पर भयानक अन्त की कामना क्यों कर रही हो? मृत्यु का अन्तिम क्षण तेज़ी से ही आता है...उसके लिए प्रार्थना करने की क्या ज़रूरत? मान लो कि तुम्हारा पति दूसरी औरत के बिस्तर को ज़्यादा चाहता है...ऐसा अक्सर होता है, बुरा मत मानो। ऐसे ऐ खुदा तुम पर मेहरबान होगा। तुम्हें अपने हमबिस्तर उस आदमी के लिए ज़्यादा शोक करके अपने को तबाह नहीं करना चाहिए।

मीडिया : महान थेमिस, देवी आरतेयिस, उन दुःखों के बारे में सुनो, जो मैं भुगत रही हूँ। हालाँकि मैंने उससे, अपने नफ़रत के काबिल पति से वायदा किया था। मै दुआ करती हूँ कि मैं उसे, उसकी दुल्हिन और उनके पूरे महल को तहस-नहस होता देखूँ, क्योंकि उन्होंने मेरे साथ बिना कारण ग़लत किया है। ओ, मेरे पिता! ओ मेरे वतन! कितने अपमान में मैंने तुम्हें छोड़ा था...यहाँ तक कि इसके लिए अपने भाई को ही मार डाला था।

धाय : क्या तुमने सुना कि वह कैसे वचनों की देवी थेमिस और ज़्यूस से, जिन्हें हम शपथों के रखवाले मानते हैं, चीख़ो-पुकार कर रही है? इतना मुझे विश्वास है कि किसी भी छोटी-सी बात से मेरी मालकिन का गुस्सा ठण्डा नहीं होगा।

कोरस : क्या वह हमारे सामने आएगी? क्या वह हमारी बात सुनेगी? काश, वह अपने दिल की आग और गुस्से को थोड़ा शान्त कर लेती। अपने दोस्तों की सहायता करने की मेरी इच्छा में कोई कमी नहीं होगी। लेकिन भीतर जाओ और उसे हमारे सामने बाहर ले आओ। प्यार से बात करना उससे। जल्दी करो, कहीं वह अपने को ही नुकसान न पहुँचा बैठे। उसकी यह लालसा किसी बड़ी चीज़ की तरफ बढ़ती नज़र आती है।

धाय : मैं जाती हूँ पर मुझे शक है कि मैं अपनी मालकिन को समझा पाऊँगी। लेकिन फिर भी अपनी बात रखने के लिए मैं कोशिश

करूँगी। जब भी कोई नौकर कोई समाचार लेकर उसके पास जाता है, वह ऐसे घूरकर उन्हें देखती है मानों वह एक शेरनी हो, जो अपने बच्चों की रक्षा कर रही हो। मुझे लगता है कि प्राचीन काल के वे कवि निरे अहमक और अदूरदर्शी थे जिन्होंने सम्मान, भोज और उत्सवों के गीत लिखे, लेकिन उनमें से किसी ने भी नहीं सोचा कि अपने गीतों या वाद्ययन्त्रों से दुःख...गहरे दुःख को कैसे खत्म किया जाए, जिससे मृत्यु और विनाश किसी घर के सपनों को चकनाचूर कर देते हैं। कितना अच्छा होता अगर संगीत आदमी को इससे बचा पाता। लेकिन किसी नृत्य-गान में बिना कारण आवाज़ों को क्यों ऊँचा किया जाए? क्योंकि आदमियों के लिए तो पहले से ही भोग-विलास बिखरा पड़ा है, जिसका अपना एक आनन्द है।

[धाय महल के भीतर जाती है।]

कोरस : मैंने दुःख से भरी एक चीख़ सुनी। अपने गहरे दुःख से भरी वह उसको लेकर चीख़ो-पुकार कर रही है, जिसने उसकी सेज और उसकी शादी दोनों के साथ विश्वासघात किया। ठगी हुई, वह देवताओं को पुकार रही है। ज़्यूस के न्याय पर जिसकी वज़ह से शपथ लेकर वह यूनान के दूसरे किनारे पर आ गई, उदासी भरे नमक के कछारों से होती हुई नमक से भरे असीम समुद्र के मुख्य द्वार तक।

[नौकर-चाकरों से घिरी मीडिया महल से बाहर आती है।]

मीडिया : कोरिंथ की औरतो, मैं बाहर तुम लोगों से मिलने आई हूँ ताकि तुम लोग कहीं मुझसे नाराज़ न हो जाओ, क्योंकि मुझे मालूम है कि लोग अक्सर ज़्यादा ही घमण्डी होते हैं...कुछ अकेले में और दूसरे जब वे किसी के साथ होते हैं। और जो चुपचाप रहते हैं, जैसे कि मैं, उन्हें अनाप-शनाप प्रसिद्धि मिलती है। जब कोई आदमी किसी दूसरे के चरित्र को समझे बिना, उसे आहत किए बिना पहली ही नज़र में दूसरे से नफ़रत करने लगता है तो उसकी आँखों में एक सही निर्णय कभी दिखाई नहीं देता। और मेरे जैसे विदेशी को तो इसकी आदत पड़ जानी

चाहिए। मैं तो खुद देशवासी को भी सहन नहीं करूँगी जो घमण्ड और व्यवहार से अपने पड़ोसियों को नाराज़ करे। लेकिन मेरे ऊपर ये सब कुछ इतना अचानक आकर पड़ा है कि मेरा दिल टुकड़े-टुकड़े हो गया है। मेरा सब कुछ लुट गया है। मेरे जीवन की सारी खुशियाँ चली जा रही हैं। मेरी सहेलियो, मैं सिर्फ मरना चाहती हूँ। मेरे लिए एक आदमी को लेकर अच्छा सोचना ही सब कुछ था और वह, मेरा अपना पति, निरा धोखेबाज़ निकला। सभी ज़िन्दा और कोई निर्णय दे पाने वाली चीज़ों में हम औरतें ही सबसे ज़्यादा अभागी हैं। सबसे पहले तो, बेशुमार सम्पत्ति की वज़ह से यह आशा की जाती है कि हम एक पति खरीद लें, और अपने शरीरों के लिए एक स्वामी ले आएँ, क्योंकि न लेना और भी बुरा है। लेकिन उसके बाद भी स्थिति गम्भीर है...

चाहे हम एक अच्छा पति लें या बुरा, एक औरत के लिए कोई छुटकारा नहीं है, और न ही वह अपनी शादी से इनकार कर सकती है। वह एक नये परिवेश में प्रवेश करती है और जो आदमी उसके साथ हमबिस्तरी करता है, उसके साथ अच्छे-से-अच्छे ढंग से चलने के लिए औरत को दैवी शक्तियाँ चाहिए, अगर उसने पहले से अपने घर न सीखा हो। यदि हम ये सब कुछ ठीक-ठाक कर लें और चला लें और पति भी हमारे साथ रहकर जुए को वहन कर ले तो जीवन सुखमय हो जाता है। अगर ऐसा नहीं है तो मैं चाहूँगी कि मर ही जाऊँ। एक आदमी जब अपने घर में रहते-रहते थक जाता है तो घर से बाहर चला जाता है और अपनी बोरियत मिटा देता है और अपने हमउम्र किसी साथी-संगी के साथ चल पड़ता है। लेकिन हमें तो सिर्फ़ एक से ही बँधे रहना पड़ता है। उनका हमारे बारे में कहना है कि हम घर पर रहकर शान्ति से वक़्त गुजारती हैं, जबकि उन्हें युद्धों में लड़ना पड़ता है। कितने ग़लत हैं वे। एक बच्चे को पैदा करने की बजाय मैं तो तीन गुना युद्धों में सामना करना ज़्यादा पसन्द करूँगी। लेकिन फिर भी जो मेरे साथ हो रहा है, वह तुम्हारे साथ नहीं। तुम्हारा एक देश है। तुम्हारा घर-परिवार है यहाँ। तुम अपने दोस्तों का साथ और

जीवन का आनन्द उठाती हो। लेकिन मैं एक असहाय, एक शरणार्थी...पति के लिए एक बेकार-सी चीज़, जिसे वह विदेश से जीतकर लाया था। मेरी न माँ है और न भाई, न ही कोई रिश्तेदार, जिसके साथ इस दुःखों के समुद्र की शरण में जा सकूँ। बस, मैं तुम लोगों से सिर्फ इतना ही चाहती हूँ कि अगर मैं अपने पति, उसके ससुर और वह लड़की, जिससे उसने शादी की...इन सबसे बदला लेने का कोई रास्ता अख्तियार करूँ तो उसके बारे में बस ख़ामोश रहना। यूँ तो दूसरे मामलों में औरत डरपोक, कमज़ोर और ठण्डे लोहे को देखना भी गवारा नहीं करती, लेकिन जब प्यार के मामले में उसके साथ कुछ गलत होता है तो उससे ज़्यादा खूनी ख़्याल किसी के पास नहीं हो सकते।

कोरस : यह मेरा तुमसे वायदा रहा। मीडिया, अपने पति से बदला लेने की बात में तुम सही हो। तुम्हें इस तरह दुःखी देखकर मुझे कोई हैरानी नहीं है।
लेकिन देखो! हमारे बादशाह क्रियान इधर ही आ रहे हैं। वह किसी नयी योजना के बारे में बताएँगे।

[दाहिनी तरफ से क्रियान अपने नौकर-चाकरों के साथ दाखिल होता है।]

क्रियान : तुम, गुस्से में भरी और अपने पति के खिलाफ़ मीडिया, मैं तुम्हें इस ज़मीन को छोड़ने का आदेश देता हूँ...एक ज़िलावतनी। अपने दोनों बच्चों को भी साथ ले जाओ और वक़्त बर्बाद मत करो। यह मेरा आख़िरी आदेश है और मैं चाहूँगा कि यह पूरा हो। जब तक तुम्हें मेरी ज़मीन की सरहदों से बाहर नहीं निकाला जाता, मैं अपने महल में क़दम नहीं रखूँगा।

मीडिया : आह! यह तो अन्त है मेरा। मैं पूरी तरह से लुट चुकी हूँ। अब मैं नफ़रत के तूफान में बुरी तरह से घिर गई हूँ और बर्बादी के सिवा दूसरा कोई रास्ता नहीं बचा है। लेकिन इतना सब कुछ हो चुकने के बाद भी मैं एक सवाल जरूर पूछूँगी...मुझे ख़त्म कर देने के पीछे तुम्हारा मक़सद क्या है, क्रियान?

क्रियान : मुझे तुमसे डर लगता है...इस बात को मैं क्यों छुपाऊँ? इस

बात का डर कि तुम मेरी बेटी को कहीं जान से ही मार न डालो। कई बातों से मेरे इस ख़्याल को बल मिलता है। तुम एक चालाक औरत हो, जादू-टोने की कला में माहिर और अपने पति का प्यार खो देने पर गुस्से में भरी हो। मैंने लोगों से कहते सुना है कि तुम मेरी बेटी, जेसन और खुद मेरे खिलाफ़ भी कुछ ऐसा-वैसा करने पर आमादा हो। मैं पहले से ही सावधान हो जाना चाहूँगा। तुम्हें साफ़-साफ़ बता दूँ कि मुझे तुम्हारी नफ़रत इस बात से ज़्यादा सही लगती है कि अभी तुम्हारी तरफ़ दया से देखूँ और बाद में पछताऊँ।

मीडिया : यह कोई पहली बार नहीं है, क्रियान। पहले भी चालाक समझी जाने पर बहुत कुछ भुगतना पड़ा है मुझे। एक समझदार आदमी को अपने बच्चों को औसत से ज़्यादा चतुर-चालाक कभी नहीं बनने देना चाहिए, क्योंकि चालाकी न तो उन्हें कोई फायदा पहुँचाएगी, उल्टे वे नफ़रत और बुराई की नज़र से देखे जाएँगे। अगर तुम बेवकूफों के सामने नये ख़्यालात रखो भी तो बदले में वे तुम्हें बेवकूफाना और बेकार समझ लेंगे। और अगर तुम उन लोगों से ऊँचे माने जाते हो, जिनमें सीखने की लगन है, तो लोग तुमसे नफ़रत करने लगेंगे। मुझे खुद इस बात का अन्दाजा है कि ये सब कैसे होता है...चालाक हूँ, इसलिए कुछ मुझसे ईर्ष्या करेंगे, दूसरे मुझ पर आरोप लगाएँगे लेकिन फिर भी मेरी चालाकी ही सब कुछ नहीं है।

तो तुम डरे हो, क्रियान? कि मैं तुम्हें चोट न पहुँचा दूँ? डरने की कोई जरूरत नहीं। एक बादशाह की ताकत को लाँघना यह मेरा रास्ता नहीं है। तुमने मुझे कैसी चोट पहुँचाई है? तुमने अपनी बेटी उसी आदमी को दी, जिसे तुम चाहते थे। हाँ-हाँ, मैं अपने पति से नफ़रत करती हूँ, लेकिन तुमने तो समझदारी से काम लिया है और न ही मुझे इस बात की शिकायत है कि तुम्हारे कामकाज ठीक ढंग से चल रहे हैं। काश! शादी सौभाग्य लेकर आए। सिर्फ़ मुझे इसी ज़मीन पर रहने दो। हालाँकि मेरे साथ गलत हुआ है, फिर भी मैं अपनी आवाज़ नहीं उठाऊँगी और अपनों से बड़ों के आगे समर्पण कर दूँगी।

क्रियान : जो कुछ तुमने कहा, वह सही जान पड़ता है। फिर भी मेरे

दिल में इस बात का डर बना हुआ है कि तुम किसी बुरी अलामत पर आमादा हो। इसलिए तुम पर मेरा यक़ीन पहले से भी कम हो जाता है। एक तेज़-तर्रार औरत या फिर आदमी से निपटना आसान है...न कि चालाक क़िस्म के, जो हमेशा अपनी ज़बान बन्द रखते हैं। नहीं, तुम्हें जाना ही होगा। अब और भाषण नहीं चाहिए। सब कुछ तय जो हो चुका है। किसी भी तरीके से—तुम मेरी दुश्मन—मेरे देश में नहीं रह पाओगी।

मीडिया : मैं तुम्हारे पाँव पड़ती हूँ। तुम्हारी नयी-नयी दुल्हिन बनी बेटी की क़सम खाती हूँ।

क्रियान : तुम्हारे लफ़्ज बर्बाद हो रहे हैं। तुम्हारी बातों का मुझ पर कभी कोई असर नहीं होगा।

मीडिया : क्या तुम मुझे बाहर निकालकर ही मानोगे और मेरी दुआओं पर कोई ध्यान नहीं दोगे?

क्रियान : मुझे करना ही होगा, क्योंकि तुमसे ज़्यादा मुझे अपने परिवार से प्यार है।

मीडिया : ओ मेरी सरज़मीन, आज कितनी शिद्दत से तुम्हारी याद आ रही है।

क्रियान : अपने बच्चों के बाद मैं भी अपने देश से प्यार करता हूँ।

मीडिया : ओह! आदमी का इस कदर प्यार में डूब जाना कैसा बुरा है।

क्रियान : यह तो उसके साथ आई क़िस्मत तय करेगी।

मीडिया : ओह खुदा, यह मत भूलो कि इसकी वज़ह कौन है।

क्रियान : चली जाओ। कोई फायदा नहीं। तुम पर ज़बर्दस्ती करूँ...इस दर्द से मुक्त कर दो।

मीडिया : मुझे तो किसी दर्द से मुक्ति नहीं मिली।

क्रियान : तो मेरा कोई आदमी तुम्हें ज़बर्दस्ती पकड़कर यहाँ से ले जाएगा।

मीडिया : नहीं, क्रियान, ऐसा मत करो। मेरी बात तो सुन लो, मैं विनती करती हूँ।

क्रियान : औरत, तुम तो कोई हंगामा खड़ा करने पर तुली हो।

मीडिया : मैं ज़िलावतन हो जाऊँगी। विनती मैं इसके लिए नहीं कर रही।

क्रियान : तो फिर यह शोर-शराबा किसलिए?

मीडिया : मुझे सिर्फ़ आज एक दिन के लिए यहाँ रह लेने दो, ताकि मैं

तय कर सकूँ कि ज़िलावतनी में मुझे कहाँ रहना होगा। और अपने बच्चों के पोषण की सोच सकूँ, क्योंकि उनके बाप ने उनके लिए कोई इन्तजाम न करने का फैसला किया है। कम-से-कम अपने बच्चे हैं। ज़ाहिर है कि तुम उन पर दया रखोगे ही। मुझे अपने लिए ज़िलावतनी को लेकर परेशानी नहीं है। सिर्फ़ बच्चों की तकलीफ को लेकर परेशान हूँ।

क्रियान : मेरे स्वभाव में अत्याचार जैसा कुछ भी नहीं है। अक्सर दया दिखाने में मुझे ही खोना पड़ा है। अभी भी मुझे मालूम है कि मैं एक ग़लती करने जा रहा हूँ। फिर भी तुम्हारी इच्छा पूरी की जाएगी। लेकिन मैं तुम्हें बताए देता हूँ कि अगर कल आसमान की रोशनी में तुम और तुम्हारे बच्चे मेरी ज़मीन की हद में दिखाई पड़े तो तुम्हें मरना होगा। जो कुछ मैंने कहा है, वह अटल होगा। अब अगर तुम्हें यहाँ रुकना है तो सिर्फ़ आज दिन भर के लिए रुक पाओगी, क्योंकि इस एक दिन में तुम ऐसा कुछ नहीं कर पाओगी, जिसका मुझे डर है।

[अपने नौकर-चाकरों के साथ क्रियान बाहर निकल जाता है।]

मीडिया : हर तरफ से बुरा ही बुरा हो रहा है। इसमें कोई शक नहीं। लेकिन सारी बातें इस हद तक मत सोचो। अभी तो नये शादी-शुदा जोड़े और उनके रिश्तेदारों के लिए कितने ही इम्तिहान और पीड़ा के दौर आने वाले हैं जिनका कुछ मतलब होगा। तुम क्या सोचती हो कि मैंने कभी उस आदमी से इतनी मनुहार की होती अगर इससे कोई मेरा मतलब या फायदा न जुड़ा होता? मैंने कभी भी उससे बात न की होती या उसे अपने हाथों से छुआ न होता। लेकिन वह बेवकूफी की इस हद तक पहुँच चुका है कि उसे मेरी योजनाओं का कुछ पता न चल पाया और ज़िलावतनी के बहाने से उसने, मुझे इस एक दिन की मोहलत दे दी है यहाँ ठहरने के लिए। और इसी में मैं अपने तीन दुश्मनों को मार डालूँगी, बाप, बेटी और मेरा पति। मेरे पास मौत के कई तरीक़े हैं जो मैं उन पर आज़मा सकती हूँ, लेकिन सहेलियो, अभी मालूम नहीं कि कौन से तरीक़े को काम

में लाऊँ...क्या उनके सुहाग-कक्ष के नीचे आग लगा दूँ या एक छुरी को तेज़ करके चोरी से महल में घुस जाऊँ और सेज के पास पहुँचकर उनके दिल को चाक-चाक कर दूँ? इसमें बस एक ख़तरा है। अगर मैं महल में घुसते और षड्यन्त्र करते पकड़ी गई तो मुझे मरना होगा और मेरे दुश्मनों को हँसने का मौका मिलेगा। अच्छा यही है कि मैं सीधे रास्ते से चलूँ, जिसमें मुझे भी महारत हासिल है और ज़हर से उनका ख़ात्मा कर दूँ। तो ऐसा ही हो।

मान लो कि वे मारे गए। कौन-सा शहर मेरा स्वागत करेगा? कौन दोस्त अपने घर की सुरक्षा देगा, ताकि मेरी अपनी ज़िन्दगी बची रहे? कुछ नहीं सूझ पड़ता। इसलिए मुझे अभी कुछ देर इन्तज़ार करना चाहिए। और जब बचाव का रास्ता दिखाई पड़े, तभी चुपचाप बारीक़ी से इस हत्या को सरंजाम दूँगी। लेकिन अगर मेरा भाग्य मुझे अकेले ही काम करने पर उकसाए तो मृत्यु तो निश्चित ही है, लेकिन फिर भी मैं छुरी लेकर अपराध कर डालूँगी। मैं अपनी देवी हेकेट की कसम खाकर कहती हूँ जिसका मैं सबसे ज़्यादा सम्मान करती हूँ और जो मेरी सहभागिनी है और मेरे हृदय की गहराइयों में निवास करती है, कि ऐसा नहीं होगा कि कोई आदमी मुझे ज़ख्मी करके सुख पाए। मैं उनकी शादी को उनके लिए ही बेहद शोकजनक बनाकर रख दूँगी, जिसकी वजह से मुझे देश से निकाले जाने की योजना बनी है। आओ मीडिया आओ, अपने षड्यन्त्र और योजना में ऐसा कुछ भी मत छोड़ देना जो तुम अच्छी तरह से जानती हो। भयानक कृत्य की तरफ एकदम से बढ़ो। परीक्षा की घड़ी पास आ चुकी है। तुम्हारे साथ जो सुलूक किया गया, वह तुम्हें मालूम ही है। जेसन की कोरिथियन शादी को लेकर कभी भी तुम्हारा मज़ाक नहीं उड़ाया जाएगा, जिसका बाप उदार था और जिसका दादा हलियस था। तुम्हारे पास कौशल है। उससे भी ज़्यादा यह कि तुम एक औरत के रूप में पैदा हुई हो। औरत अच्छे काम करने में बेशक असहाय-सी रहे, लेकिन बुरे कामों में बेहद चालाक साबित होती है।

कोरस : पवित्र नदियो, अपने स्रोतों की तरफ उल्टा बहना शुरू कर दो,

ताकि इस दुनिया का क्रम उलट-पलट हो जाए। पुरुषों के विचार धोखाधड़ी से भरे हैं। उनकी क़समें झूठी हैं। कहानी अब मेरी स्थिति को एक नया मोड़ देगी...औरतों को भी उनका अपना हिस्सा मिलेगा। मायूसी उनके हिस्से नहीं आएगी। ओ पुराने गायको, मेरी धोखाधड़ी के मज़ेदार गीतों को गाना बन्द कर दो, क्योंकि संगीत के देवता फोब्स ने हमें गाने की दैवी शक्ति प्रदान नहीं की अन्यथा मैंने भी पुरुष को एक गाना सुनाकर ही जवाब दिया होता। समय ही हमारे और उनके बारे में बताएगा।

तुम अपने दिल में एक आग लिए अपने पिता के घर से निकल पड़ीं और समुद्र की दुहरी चट्टानों को पार किया। और अब विदेश में एक विधवा के बिस्तर पर अपनी शान्ति खो चुकी हो और अब एक शरणार्थी की तरह से तुम्हें इस ज़मीन से धकेला जा रहा है।

पवित्र भक्ति खत्म हो चुकी है और महान यूनान में शर्म का कोई अहसास नहीं बचा है। वह मानो आसमान में उड़ गया है। अब तुम्हारे लिए किसी पिता का घर नहीं है, किसी दूसरी रानी ने तुम्हारे बिस्तर पर अधिकार जमा लिया है और तुम्हारे घर की मालकिन बन बैठी है।

[नौकर-चाकरों के साथ जेसन प्रवेश करता है।]

जेसन : यह पहला मौका नहीं है जब मैंने देखा कि बेढंगे स्वभाव से निपटना कितना मुश्किल होता है। हमारे बादशाह की इच्छा के सामने थोड़ा-सा झुककर तुम इस देश में रह सकती थीं और तुम्हारा घर भी बचा रहता। अब तो उल्टा-सीधा बकने पर तुम्हें देश-निकाला दिया जा रहा है। ऐसा नहीं है कि मुझे कोई एतराज है। तुम सबको बताती फिरो कि जेसन एक निकम्मा आदमी है। लेकिन बादशाह के बारे में बोलना, अपने आप को भाग्यशाली समझो कि तुम्हें सिर्फ़ ज़िलावतनी की सज़ा मिली है। मैंने अपनी तरफ से हमेशा बादशाह के गुस्से को शान्त करने की कोशिश की है और चाहा कि तुम यहीं रहो। लेकिन तुमने लगातार उनके बारे में उल्टा-सीधा बकने की अपनी

बेवकूफ़ी को नहीं छोड़ा और इसलिए नेस्तनाबूद की जा रही हो। तब भी और तुम्हारे ऐसे व्यवहार के होते हुए भी, मैं अपने दोस्तों को अकेला नहीं छोड़ सकता। इसलिए तुम्हारे लिए कुछ इन्तजाम करने आया हूँ ताकि तुम और बच्चे ज़िलावतनी में किसी चीज़ की जरूरत पड़ने पर कंगाल न रहें। चाहे तुम मुझसे कितनी भी नफ़रत करो, मैं तुम्हारा बुरा नहीं सोच सकता।

मीडिया : ओ डरपोक आदमी, हाँ, यही कहूँगी मैं तुम्हें, तुम्हारी नामर्दी पर बहुत गुस्सा आता है मुझे। तुम, मेरे सबसे बड़े दुश्मन, तुम मेरे पास आए हो। यह कोई अति आत्मविश्वास या बहादुरी का उदाहरण नहीं है कि अपने दोस्तों से नज़रें मिलाओ, उन दोस्तों से जिन्हें तुमने चोट पहुँचाई है, बल्कि उससे भी ज़्यादा ऐसा करना गन्दी-से-गन्दी बीमारी और बेशर्मी का उदाहरण है। खैर, अच्छा ही किया तुम चले आए। क्योंकि तुम्हें बुरा-भला कहकर मेरा दिल हल्का हो जाएगा और सुनते हुए तुम्हें पीड़ा होगी। सबसे पहले जो कुछ हुआ, मैं वहीं से शुरू करती हूँ। मैंने तुम्हारी ज़िन्दगी बचाई और हर यूनानी यह बात जानता है। मैं आर्गा पर तुम्हारे साथ ही थी, जब तुम्हें आग उगलने वाले साँड़ों को वश में करने के लिए भेजा गया था, जिन्हें जुआ पहनाकर उस बंजर मैदान में बीज डालना था। और वह साँप जो अपनी कई गुँजलकों से सुनहरे कलश को घेरकर उसकी रक्षा कर रहा था और कभी सोता नहीं था, उसे मैंने मारा और हर तरह से तुम्हें प्रकाश की सुरक्षा प्रदान की। और मैं अपने पिता और अपने घर को ठुकराकर तुम्हारे साथ पेलियास के देश आइलक्स चली आई। इसके बाद समझदारी की बजाय सहायता करने की ज़्यादा इच्छा के वशीभूत होकर मैंने पेलियास को उसकी अपनी लड़की के हाथों एक भयानक मौत मरवा दिया और तुम्हारे डर को दूर किया। ओ अभागे आदमी, तुम्हारे साथ मैंने ऐसा व्यवहार किया और तुमने मुझी को ठुकरा दिया और हमबिस्तरी के लिए दूसरी दुल्हिन ले आए। तुम्हारे तो अपने बच्चे थे। अगर न होते तो तुम्हारे पास दूसरी शादी का बहाना हो सकता था। तुम्हारी बातों पर अब कोई विश्वास नहीं कर रहा। सच, मुझे नहीं पता! शायद तुम्हीं बता सकते

हो...क्या जिन देवताओं के नाम की तुमने क़समें खाई थीं, उन्होंने शासन करना बन्द कर दिया है और नये-नये मापदण्ड बनने लगे हैं? ये सब तुम्हीं जानते होगे, क्योंकि तुमने मेरे दाहिने हाथ और घुटने जिन्हें तुम अक्सर प्यार से थपथपा देते थे, यह बुरा आदमी मेरे साथ कैसा सलूक कर रहा है कि मेरी सारी आशाएँ मिट्टी में मिल गई हैं। चलो, मैं एक दोस्त की तरह से अपने ख़्यालात तुमसे ज़ाहिर करती हूँ। तुम! क्या मैं विश्वास रखूँ कि तुम मुझसे अच्छा सलूक करोगे? लेकिन मैं विश्वास रखूँगी और ये सवाल तुम्हें सोचने पर मजबूर करेंगे। कहाँ जाऊँ मैं? अपने पिता के पास? जिसे उसके देश समेत मैंने तभी ठुकरा दिया था, जब मैं तुम्हारे साथ चली आई। पेलियास की अभागी लड़कियों के पास? कैसा भव्य स्वागत करेंगी वे मेरा, जिसने उनके बाप की हत्या की! यह है मेरी स्थिति—दोस्त नफ़रत करते हैं मुझसे और तुम्हारे चलते दूसरों को मैंने अपना दुश्मन बना लिया है, जिनको चोट पहुँचाना कतई ज़रूरी नहीं था। और यूनानी औरतों के बीच तुमने मुझे कितनी खुशी दी है अपने पास लाकर इस सबके लिए। मेरा एक सम्माननीय पति है...जो वायदे तोड़ना अपना धर्म मानता है। जब मैं अकेली अपने बच्चों के साथ इस देश से निकाल दी जाऊँगी और ज़िलावतन को जाऊँगी तो नये शादी-शुदा दूल्हे के लिए यह निहायत शर्म की बात होगी कि उसके बच्चे और वह भिखारियों की तरह से भटकते फिरे, जिसने उसे बचाया था। ओ खुदा, तुमने आदमी को खरे सोने और झूठे सोने में फर्क करने का नायाब तरीका तो दिया है, लेकिन उन्हीं आदमियों के शरीर पर ऐसा कोई चिह्न क्यों नहीं है जिससे हमें सच्चे और झूठे आदमी की पहचान हो सके।

कोरस : जब दो दोस्त एक-दूसरे पर नफ़रत से टूट पड़ते हैं तो अजीब क़िस्म का गुस्सा सामने आता है, जिसका रुकना मुश्किल है।

जेसन : जहाँ तक मेरा ताल्लुक है, मैं भी तो कोई बुरा वक़्ता नहीं हूँ। लेकिन उस आदमी की तरह जरूर हूँ जो औरत की तीखी जुबान के तूफान के नीचे से पतवार चलाकर आसानी से निकल आए। चूँकि तुम मेरे प्रति अपनी दयालुता को दर्शाने पर अड़ी

हुई हो तो मेरा कहना यह है कि आदमियों और देवताओं का देश साइप्रस ही मेरी ज़िन्दगी बचाने का अकेला ज़िम्मेदार है। तुम बहुत चालाक हो, लेकिन मैं इस बहस में नहीं पड़ना चाहता कि सिर्फ़ प्यार की अदम्यशक्ति ने ही तुम्हें मेरी रक्षा के लिए विवश किया। इस बारे में मैं ज्यादा बात नहीं करना चाहता। जहाँ तक तुमने मेरी मदद की तो अच्छा ही किया। लेकिन जहाँ तक मुझे बचाने का ताल्लुक है तो मैं साबित कर सकता हूँ कि तुमने जितना मुझे दिया है, उससे ज़्यादा ले चुकी हो। सबसे पहले तो तुमने जंगली लोगों में रहने की बजाय यूनानी धरती को अपना घर बनाया और हमारे तौर-तरीकों को समझा कि कैसे मात्र शक्ति के बल पर नहीं बल्कि नियम-कानून से रहा जाए। सभी यूनानियों ने तुम्हें एक चतुर औरत ही माना। इसके लिए तुम्हें सम्मानित किया गया। अगर तुम धरती के किसी कोने में पड़ी होतीं तो किसी ने तुम्हारे बारे में सुना भी नहीं होता। जहाँ तक मेरी अपनी बात है, अपने घर में सोने के ढेर लगाने और ओरफियस से भी ज़्यादा मीठे गीत गाने के बजाय मैं उस भाग्य पर ही भरोसा करूँगा जिसने मुझे सम्माननीय व्यक्ति बनाया। मेरी मेहनत के बारे में तुम्हारी राय का यही जवाब है। याद रखना, तुम्हीं ने बहस शुरू की थी, अब राजकुमारी से विवाह को लेकर तुम्हारे आरोप की बात करूँ...मैं साबित करूँगा कि ऐसा करना एक सोच-समझकर लिया गया कदम था और वह भी बेहद बुद्धिमानी से भरा और तुम्हारे और बच्चों के ज़्यादा-से-ज़्यादा हित में उठाया गया क़दम। थोड़ी देर शांत रहो। जब मैं साइकलस की ज़मीन से यहाँ पहुँचा था, मैं हर तरह की मुसीबतों से घिरा था। इससे अच्छा मौका और क्या हो सकता था कि एक बनवासी को बादशाह की बेटी से शादी करने की बात आए। जिस बात ने तुम्हें परेशान कर रखा है कि मैं तुमसे ऊब गया था और एक नयी दुल्हिन की ज़रूरत थी मुझे...यह सच नहीं है और न ही तुम्हारे बच्चों को नकारने की इच्छा के तहत ऐसा किया। हमारे पास पहले से ही बहुत कुछ है। मैं पूरी तरह से सन्तुष्ट हूँ, लेकिन मुख्य कारण यही था कि हम अच्छी तरह से रह सकें

और किसी चीज़ की कमी न हो। मुझे मालूम है कि जब कोई आदमी ग़रीब हो जाता है तो उसके सब दोस्त उसे अकेला छोड़कर चल देते हैं। यह भी था कि मैं अपने बच्चों का अच्छी तरह पोषण कर सकूँ और ज़्यादा बच्चे पैदा करके, जो तुम्हारे सगे जैसे होंगे, हम दोनों परिवारों को एक साथ मिलाकर खुशी से रहते। तुम्हें अब और बच्चे नहीं चाहिए। मुझें यह अच्छा लगता है कि और बच्चे पैदा करके मैं पहले वालों का भी भला कर सकूँ। क्या तुम्हें यह बेकार योजना लगती है? तुम्हें बेकार न लगती, अगर प्यार के सवाल ने तुम्हें परेशान न किया होता। लेकिन तुम औरतों का दिमाग़ कुछ इस तरह से चलता है कि अगर तुम्हारी रातें अच्छी कट जाएँ तो तुम सोचती हो कि तुम्हें सब कुछ मिल गया। लेकिन अगर उस दिशा में कुछ ग़लत हो गया तो तुम अपने सच्चे हितों से भी नफ़रत करने लगती हो। अच्छा होता कि आदमियों को अपने बच्चे पैदा करने का कोई दूसरा रास्ता मालूम होता और औरतों का कोई वजूद ही न होता। तब ज़िन्दगी कितनी खुशगवार होती।

कोरस : जेसन, हालाँकि तुमने भाषण तो अच्छा दिया है फिर भी मेरा ख़्याल है चाहे दूसरे इससे इत्तफाक़ न करें, कि तुमने अपनी पत्नी को धोखा दिया है और ग़लत कर रहे हो।

मीडिया : इसमें कोई शक नहीं कि कई मानों में मैं दूसरों से अलग सोचती हूँ। इस विश्वसनीय वक़्ता को, जो एक खलनायक है, बड़ी-से-बड़ी सज़ा मिलनी चाहिए। बुराई को भी अपनी जीभ के जादू से अच्छा बना देने वाला कहीं नहीं रुकता। फिर भी वह समझदार नहीं है। यहाँ तक तुम्हारी बात है, चतुर वक़्ता का नाटक करने की कोई ज़रूरत नहीं है, क्योंकि सिर्फ एक लफ़्ज ही तुम्हें नंगा कर देगा। अगर तुम कायर न होते तो तुमने मेरी पीठ पीछे शादी न की होती। पहले मुझसे बात की होती।

जेसन : और तुमने, इसमें कोई शक नहीं प्रस्ताव को मान लिया होता? अगर मैंने इसके बारे में तुम्हें बताया होता। तुम जो अभी भी गुस्से पर वश पाने में असमर्थ हो?

मीडिया : ऐसा नहीं था। नहीं, तुम्हें लगा कि जैसे-जैसे तुम बूढ़े हो रहे थे तो एक विदेशी पत्नी को लाना सम्मानजनक नहीं है।

जेसन : इस बात का विश्वास रखो : यह जो राजनैतिक सन्धि मैंने की है, वह एक औरत की वजह से नहीं है लेकिन जैसा कि मैंने पहले भी बताया, मैं तुम्हारी रक्षा करना चाहता था और अपने बच्चों के भाई के रूप में राजसी सन्तान पैदा करना चाहता था जो निश्चित रूप से हत्यारे रक्षक होते।

मीडिया : मुझे ऐसी खुशगवार क़िस्मत नहीं चाहिए जो अपने साथ दर्द भी लाती है अथवा ऐसी खुशहाली जो मन की शान्ति को ही नष्ट कर दे।

जेसन : जो कुछ तुम चाहती हो, उसका ख़्याल छोड़कर समझदारी से काम लो। जो कुछ तुम्हारे लिए अच्छा है, उसे पीड़ादायक मत मानो और न ही जब तुम क़िस्मत वाली हो तो अपने आप को बदकिस्मत समझने लगो।

मीडिया : तुम मेरा अपमान कर सकते हो। तुम लौटकर कहीं जा सकते हो। लेकिन मुझे तो इस ज़मीन को छोड़कर सिर्फ़ ज़िलावतनी में जाना है...दोस्तहीन।

जेसन : ऐसा तुमने खुद ही चुना था। दूसरों को इसके लिए दोष मत दो।

मीडिया : और मैंने यह चुनाव किया कैसे? क्या मैंने अपने पति के साथ विश्वासघात किया?

जेसन : तुमने बादशाह के परिवार पर बुरी-बुरी अलामतें वारी कर दीं।

मीडिया : तुम्हारे घर के लिए भी, मैं एक बद्दुआ जैसी ही हो गई हूँ।

जेसन : अब मैं और पचड़े में नहीं पड़ना चाहता। लेकिन अगर तुम्हें ज़िलावतनी में अपने और बच्चों की मदद के लिए कुछ पैसे चाहिए तो बताओ, मैं खुले हाथों से देने को तैयार हूँ या अपने दोस्तों के परिचय तुम्हें दे दूँ जो तुम्हारी अच्छी तरह से देखभाल करेंगे। अगर तुम इसे स्वीकार नहीं करतीं तो तुमसे बढ़कर बेवकूफ और कोई नहीं। अपने गुस्से को ख़त्म कर डालो, तुम्हें फायदा होगा।

मीडिया : मैं तुम्हारे दोस्तों की मदद कभी स्वीकार नहीं करूँगी और न ही तुमसे कोई चीज़ लूँगी, इसलिए तुम उसकी बात मत करो। एक बुरे आदमी के उपहारों को लेने से कोई लाभ नहीं।

जेसन : फिर भी मैं देवताओं को गवाह मानकर कहूँगा कि मैं तुम्हारी

और बच्चों की हर तरह से मदद करना चाहता हूँ, लेकिन तुम उससे इनकार कर रही हो, जो तुम्हारे लिए अच्छा है। अनजाने में तुम अपने दोस्तों को परे धकेल रही हो। तुम्हें इसके लिए पछताना पड़ेगा।

मीडिया : जाओ। इसमें कोई शक नहीं कि तुम अपनी कुँआरी दुल्हिन के पीछे-पीछे लगे रहते हो और उसके कक्ष से बहुत देर तक बाहर रहने के अपराधी हो। अपनी शादी के मज़े लूटो। लेकिन शायद खुदा मदद करे...तुम्हारी शादी ऐसी होगी जिस पर तुम्हें अफसोस होगा।

[जेसन अपने नौकर-चाकरों के साथ बाहर चला जाता है।]

कोरस : जब प्यार बढ़-चढ़कर होता है तो आदमी के लिए न तो सम्मान लाता है और न ही कोई खुशहाली। लेकिन अगर कम-कम होकर किपरिस आए तो उससे सुन्दर और कोई शक्ति नहीं है। ओ देवी! इच्छा के ज़हर में मिलाकर अपने धनुष का अचूक तीर मुझ पर कभी न छोड़ना।

मेरा दिल समझदार बने। यह देवताओं का सबसे अच्छा तोहफा है, मेरे ऊपर शक्तिशाली किपरिस कोई शाब्दिक युद्ध या गुस्सा तारी न करें जिसके कारण मेरी लालसा किसी और के प्रेम की तरफ मुड़ जाए। इसकी बजाय वह औरतों की शादी की देखभाल करे और सेज के लिए जो कुछ भी शान्ति दे, उसका सम्मान करें।

ओ मेरे देश और घर, मैं कभी भी तुम्हारे बिना अकेली, निराश जीवन न जिऊँ। काश! मृत्यु मुझे ग्रस ले और इस दिन की रोशनी से छुटकारा दिला दे। अपनी मातृभूमि के वियोग से बड़ा कोई दुःख नहीं है।

मैंने खुद अपनी आँखों से देखा है, किसी दूसरे की बात क्यों कहती हो। जब तुम्हारे ऊपर बड़े-से-बड़े दुःख आते हैं तो शहर या दोस्त कोई तुम पर दया नहीं करता। जो अपने दोस्तों की मदद नहीं करता वह शानो-शौकत के बिना मर जाए, जो अपने पास एक ईमानदार दिमाग नहीं रखता, वह कभी भी मेरा दोस्त

नहीं होगा।

[एथेन्स का बादशाह ऐजियस प्रवेश करता है। वह मीडिया का पुराना दोस्त है।]

ऐजियस : मीडिया, शुभकामनाएँ।

मीडिया : बादशाह पांडियान के बेटे ऐजियस, तुम्हें भी शुभकामनाएँ। इस देश की भूमि में विचरण करने के लिए तुम कहाँ से आ रहे हो?

ऐजियस : मैं बस कोयबस के प्राचीन मन्दिर से चला आ रहा हूँ।

मीडिया : लेकिन तुम धरती के दैवी केन्द्र में गए क्यों?

ऐजियस : मैं पता करने गया था कि मैं कैसे बच्चों का बाप बन सकता हूँ। बच्चे कैसे पैदा हो सकते हैं।

मीडिया : तुम्हारी ज़िन्दगी में अभी तक भी बच्चे नहीं हैं।

ऐजियस : हाँ, किसी शक्ति के असर के कारण हमारे बच्चे नहीं हैं।

मीडिया : तुम्हारी पत्नी है या कि तुम्हारे साथ हमबिस्तरी करने के लिए कोई भी नहीं है?

ऐजियस : है। पत्नी है।

मीडिया : और बच्चे के बारे में कोयबस ने तुमसे क्या कहा?

ऐजियस : आदमी के लिए उन लफ़्जों के मायने निकालना बहुत मुश्किल है।

मीडिया : क्या देवता का जवाब मुझे बताना ठीक होगा?

ऐजियस : क्यों नहीं? बस थोड़ी-सी समझदारी चाहिए।

मीडिया : तो क्या था उनका सन्देश? बताओ मुझे ताकि में सुन सकूँ।

ऐजियस : आय एम नॉट टु लूज़न द हैंगिंग फुट ऑफ द वाइन-स्किन...

मीडिया : जब तक तुम कुछ कर न लो या किसी देश में पहुँच जाओ।

ऐजियस : जब तक मैं दुबारा अपनी प्रेमिका और अपने घर पर न पहुँच जाऊँ।

मीडिया : और इस ज़मीन तक किस मक़सद से आए हो?

ऐजियस : यहाँ एक ज्ञानी बुज़ुर्गवार रहते हैं। ट्रोज़ेनवासी...पीथियस...

मीडिया : ओह हाँ, उनके वालिद का नाम पिलोप था! कहते हैं बहुत ही सन्त पुरुष हैं पीथियस।

ऐजियस : उनसे ही पूछूँगा देवताओं की वाणी का अर्थ।

मीडिया : वो ज़रूर मददगार होंगे, बहुत समझदार हैं, जानकार भी!

ऐजियस : और मेरे मित्र भी। एक जंग में हम दोनों कन्धे से कन्धा मिलाकर लड़े थे।

मीडिया : मैं कामना करती हूँ तुम्हारी मुलाक़ात सफल हो।

ऐजियस : मीडिया क्या बात है? तुम्हारा चेहरा इतना उदास क्यों है? सब कुछ ठीक तो है न?

मीडिया : नहीं, सब कुछ ठीक नहीं। दुनिया का सबसे दुष्टतम जीव साबित हुआ है—मेरा पति।

ऐजियस : ज़रा साफ़-साफ़ बताओगी, हुआ क्या है?

मीडिया : मैंने जेसन का न कभी बुरा चाहा, न किया, पर फिर भी उसने मेरे साथ बेवफ़ाई की।

ऐजियस : मैं अब भी नहीं समझा मीडिया, उसने क्या किया?

मीडिया : एक और ब्याह रचाया है। यहीं इसी घर में बसाया है एक और घर।

ऐजियस : ये तो वाक़ई बेहद शर्मनाक है! तुम्हारा मतलब...

मीडिया : दग़ा दी है मुझे और उन बच्चों को जिन्हें वो कभी दिलो-जान से चाहता था।

ऐजियस : पर वजह-वजह क्या थी? ऊब गया था तुमसे या फिर हवस हुई हावी उस पर...

मीडिया : हवस! हाँ, हवस...सत्ता की। सिंहासन पाने के लिए लपलपा उठी उसकी जिह्वा!!

ऐजियस : कहाँ का, कौन-सा सिंहासन? और ये लड़की कौन है? उसकी नयी जीवनसंगिनी?

मीडिया : बादशाह की बेटी! क्रियान की!!

ऐजियस : सचमुच मीडिया, तुम्हारा दुःख असह्य है।

मीडिया : मैं लुट गई हूँ और अभी काफी कुछ आगे आने वाला है...मैं मिटा दी जाऊँगी।

ऐजियस : मिटा दी जाओगी? किसके द्वारा?

मीडिया : क्रियान मुझे कोरिंथ से ज़िलावतन करना चाहता है।

ऐजियस : क्या जेसन भी चाहता है? मैं यह मानने को तैयार नहीं।

मीडिया : वह न चाहने का बहाना करता है, लेकिन वह इसे स्वीकार कर लेगा। और ऐजियस, तुम्हारे सफेद बालों की क़सम, मैं तुम्हारे

पाँव पड़ती हूँ, मुझ पर दया करो, अपनी दुःखी दोस्त पर दया करो। मुझे ज़िलावतनी में भटकने मत दो वरन अपने ही देश में, अपने ही घर में मुझे रहने दो। खुदा मदद करे, शायद तुम्हारा प्यार ही बच्चों के पैदा होने का कारण बन जाए और तुम खुशी-खुशी मरो। तुम नहीं जानते कि कैसे मौके पर तुम यहाँ आए हो। मैं तुम्हारे निःसन्तान होने को खत्म कर दूँगी और मैं तुम्हें बच्चे पैदा करने के काबिल बनाऊँगी। मैं ऐसी जड़ी-बूटियों के बारे में जानती हूँ जो यह काम कर सकती हैं।

ऐजियस : कई वजहों से मैं तुम्हारे लिए यह मदद करने के लिए तैयार हूँ। पहले तो देवताओं की वजह से और फिर बच्चों के जन्म के लिए जिसका तुम वायदा करती हो। इस मामले को लेकर तो मैं पूर्ण तरह से अपनी मति खो चुका हूँ।...तो यह मेरी स्थिति...अगर तुम मेरे देश में पहुँच जाती हो तो मैं अपने अधिकार क्षेत्र में होने के कारण तुम्हारी मदद करने की कोशिश करूँगा। लेकिन यह मैं तुम्हें पहले से ही चेता दूँ...मैं तुम्हें इस देश से बाहर निकालने में कोई मदद नहीं करूँगा, लेकिन अगर तुम अपने आप मेरे घर तक पहुँच सकती हो तो वहाँ सुरक्षित रह पाओगी। मैं तुम्हें किसी दूसरे को नहीं सौंपूँगा, लेकिन इस देश से अपने भागने का इन्तजाम तुम्हें खुद करना होगा, क्योंकि मैं अपने दोस्तों के आरोपों का सामना नहीं करना चाहता।

मीडिया : ऐसा ही होगा। अगर तुम इस बात का वचन दे सको तो मुझे तुमसे वह सब कुछ मिल जाएगा जो मैं चाहती हूँ।

ऐजियस : क्या तुम्हें मुझ पर विश्वास नहीं? क्या बात है जो तुम्हें परेशान किए हुए है?

मीडिया : मुझे तुम पर विश्वास है। लेकिन पेलियास के लोग मुझसे नफ़रत करते हैं। और, क्रियान भी। तुम इस शपथ से बँधे रहोगे तो मुझे असहाय नहीं छोड़ेगे, जब वे लोग मुझको तुम्हारे देश से धकेलने की कोशिश करेंगे। लेकिन अगर हमारा समझौता देवताओं की शपथ के बिना कोरे लफ़्जों पर टिका है तो तुम्हारे पास उनका विरोध करने के लिए कोई हथियार नहीं होगा। मैं कमज़ोर हूँ जबकि उनके पास अपनी मदद के लिए शाही

महल और दौलत है।

ऐजियस : ऐसे मामलों में पास काफी दूरन्देश हो। खैर, अगर तुम ऐसा ही चाहती हो तो मैं मना नहीं करूँगा। मेरे लिए दोनों तरफ से ये ठीक होगा...तुम्हारे दुश्मनों के लिए एक बहाना और तुम्हारे लिए तो यह निश्चित हो जाएगा।

मीडिया : इस धरती और मेरे पिता के पिता हेलियस की क़सम खाकर सभी देवताओं के नाम लो।

ऐजियस : कि मैं ऐसा करूँगा या नहीं करूँगा—बताओ क्या कहना है?

मीडिया : कि तुम खुद कभी मुझे अपने देश से नहीं निकालोगे और न ही अगर मेरा कोई दुश्मन मेरी माँग करे तो तुम अपनी इच्छा से मुझे कभी दूसरों को सौंपोगे।

ऐजियस : मैं धरती, हेलियस की पवित्र रोशनी और सारे देवताओं की कसम खाता हूँ कि जो कुछ तुमने कहा है, मैं उसका पालन करूँगा।

मीडिया : ठीक है। और अगर तुम शपथ को पूरा नहीं कर पाए तो तुम्हारे साथ कैसा सलूक किया जाए?

ऐजियस : जो उनके साथ किया जाता है जिनके मन में जन्नत के लिए कोई इज्जत नहीं है।

मीडिया : अब तुम अपने रास्ते पर जाओ। अलविदा। मैं पूरी तरह से सन्तुष्ट हूँ। मुझे जो काम करना है, उसे करके और अपना लक्ष्य सिद्ध करके मैं जल्द-से-जल्द तुम्हारे देश पहुँच जाऊँगी।

[ऐजियस बाहर चला जाता है।]

कोरस : ऐजियस, यात्रियों का देवता हरमिस तुम्हें सुरक्षित घर तक पहुँचाए और तुम्हें वे सब चीज़ें मिलें, जिनका तुम्हें बेसब्री से इन्तज़ार है, क्योंकि तुम एक उदार और दयालु आदमी नज़र आते हो।

मीडिया : हे देवताओ और हेलियस की रोशनी! अब अपने दुश्मन पर जीत का वक़्त आ पहुँचा है और मेरे क़दम उस तरफ बढ़ चुके हैं। अब मुझे यकीन है कि उन्हें जुर्माना भुगतना पड़ेगा। यह ऐजियस, मेरी सारी योजनाओं में, एक सम्बल बनकर आया है। उसके साथ मैं अपनी सुरक्षा की गाँठ बाँध सकती हूँ जब

मैं पालास के क़िले और शहर पहुँचूँगी। अब मैं तुम्हें अपनी पूरी योजना बताती हूँ। मैं अपने किसी आदमी को भेजूँगी और जेसन से एक बार फिर अपने पास आने की प्रार्थना करूँगी। जब वह आ जाएगा तो उससे जो भी बात करूँगी, बहुत ही प्यार भरे लफ़्ज़ों में होगी। मैं कहूँगी कि मैं उससे इत्तफाक़ रखती हूँ और मुझे ठुकराकर उसने जो शाही शादी की, मैं उसे भी स्वीकार करती हूँ। मैं कहूँगी कि ये तो बहुत ही फायदेमन्द, और बढ़िया ख़्याल था। लेकिन मैं दुआ करूँगी कि मेरे बच्चों को यहीं रहने दिया जाए। इसलिए नहीं कि मैं उन्हें ऐसे देश में छोड़ जाऊँगी जो मुझसे नफ़रत करता है, इसलिए कि एक चाल से मैं बादशाह की लड़की को मार सकूँ। मैं बच्चों को तोहफों के साथ दुल्हिन के पास भेजूँगी—एक बहुत ही सुन्दर बुनी पोशाक और सुनहरा मुकुट। अगर वह उन्हें लेकर अपने शरीर पर धारण कर लेगी तो वह और जो कोई भी उसे छुएँगे, तड़प-तड़पकर मर जाएँगे, क्योंकि उन तोहफों पर मैं ज़हर लेपकर भेजूँगी, मेरा हिसाब तो वहीं चुकता हो जाना चाहिए। उसे सोचकर मुझे दहशत हो रही है, लेकिन मुझे अपने ही बच्चों की हत्या करनी होगी। मेरे बच्चों की रक्षा करने वाला कोई नहीं, और जब मैं जेसन के पूरे परिवार को बरबाद कर चुकूँगी तो मैं इस जगह हो छोड़ दूँगी और अपने बच्चों की हत्या जैसे अमानवीय कृत्य से भी दूर भाग जाऊँगी, क्योंकि दुश्मनों द्वारा उपहास किया जाना मुझे असहनीय होगा। तो अब ये सब होना ही है। मुझे ज़िन्दगी में क्या मिला है? मेरे पास कोई ज़मीन, कोई घर नहीं और न ही अपनी पीड़ा से कोई छुटकारा है। मुझसे उसी वक़्त ग़लती हो गई थी जब मैंने अपने पिता का घर पीछे छोड़ दिया और एक यूनानी के लफ़्ज़ों पर यक़ीन कर लिया था, जो अब मुझे उसकी कीमत चुकाएगा। वे बच्चे जो उसे मुझसे मिले, वह उन्हें दोबारा ज़िन्दा नहीं देख पाएगा और न ही अपनी नयी दुल्हिन को जो उसे दूसरा बच्चा देती क्योंकि उसे मेरे ज़हर से एक भयानक मौत मरना होगा। मुझे कोई कमजोर, ठण्डी और घरेलू औरत न समझे वरन ठीक उसके उलट जो अपने दुश्मनों को चोट पहुँचा सकती है, क्योंकि ऐसे

ही लोगों को सबसे ज़्यादा याद किया जाता है।

कोरस : तुमने हमारे साथ अपनी योजना के बारे में बातचीत की है फिर भी मैं तुम्हारी मदद और मानवता के नाते तुम्हें ऐसे काम को न करने की सलाह दूँगी।

मीडिया : मेरे पास और कोई रास्ता नहीं बचा है। तुम्हारा ऐसा करना समझ में आता है। तुमने वो कुछ नहीं भुगता जो मुझे भुगतना पड़ा है।

कोरस : लेकिन क्या तुम में अपनी ही देह और रक्त को मारने की हिम्मत है?

मीडिया : हाँ, क्योंकि अपने पति को ज़ख्मी करने का यही सबसे उम्दा रास्ता है।

कोरस : और खुद को भी। औरतों में सबसे ज़्यादा दुःखी तुम्हीं होओगी।

मीडिया : होने दो, कोई समझौता मुमकिन नहीं।

[वह धाय की तरफ मुड़ती है।]

तुम तुरन्त जाओ और जेसन को मेरे पास आने को कहो। तुम्हें मैं बड़े विश्वास के कामों पर ही भेजती हूँ। अगर तुम्हें अपनी मालकिन से प्यार है, अगर तुम खुद औरत हो, इन इरादों के बारे में उससे कुछ मत बताना।

कोरस : ये पवित्र नदियाँ या यह पवित्र भूमि तुम्हें कैसे प्यार करेंगी या कोई शहर तुम्हें घर देगा, जो अपने ही बच्चों की हत्या करेगी? जरा अपने बच्चों पर गिरने वाली ग़ाज के बारे में और उस खून के बारे में सोचो, जो तुम बहाने जा रही हो। मैं बार-बार तुम्हारे पैरों पर गिरकर तुमसे भीख माँगती हूँ कि तुम अपने बच्चों की हत्यारिनी मत बनो।

तुम्हारे पास वह साहस या हाथों का कौशल कहाँ से आएगा जब तुम ऐसे भयानक काम करने का बीड़ा उठाओगी? जब तुम उन्हें देखोगी तो क्या बिना रोए उनकी हत्या के इरादे को क़ायम रख पाओगी? जब तुम्हारे बच्चे नीचे गिरकर तुम्हें पुकारेंगे तो तुम उनके खून में अपने हाथ नहीं डुबो पाओगी।

[जेसन अपने चाकरों के साथ प्रवेश करता है।]

जेसन : तुम्हारी दरख्वास्त पर आया हूँ। सच, हालाँकि तुम मेरे खिलाफ कड़वाहट से भरी हो, फिर भी यह मौका तुम्हें मिलेगा...मैं जानना चाहूँगा कि कौन-सी नयी चीज़ तुम्हें मुझसे चाहिए।

मीडिया : जेसन, मैंने जो कुछ तुम्हें कहा था, चाहती हूँ कि तुम उसके लिए मुझे माफ कर दो। तुम मेरे गुस्से को सहन कर सकते हो, क्योंकि हमने एक साथ इतना प्यार भी किया है। मैंने इस बारे में अपने से बात की है और खुद को बार-बार कोसा है। 'नादान' मैंने कहा। मैं क्यों इतनी पागल हूँ? मैं क्यों उनके खिलाफ हो गई हूँ, जिन्होंने समझदारी से काम किया है? मैं क्यों सत्ता या अपने पति की दुश्मन बनना चाहती हूँ जो मेरे लिए कितना अच्छा कर रहा है कि शाही शादी करके बच्चे पैदा करना चाहता है जो मेरे अपने बच्चों के भाई होंगे। जब मैंने यह सब सोचा तो मुझे पता चला कि मैंने कितनी नासमझी दिखाई थी और मेरा गुस्सा कितना बेमानी है। अब मैं तुमसे सहमत हूँ। मुझे लगता है कि तुमने दूसरी औरत और मुझे एक साथ रखने में समझदारी का काम किया है और मैं पागल थी। मुझे तो इन योजनाओं में तुम्हारी मदद करनी चाहिए थी, शादी में हिस्सा लेना चाहिए था, लेकिन हम औरतें भी बस यूँ ही हैं...शायद बिल्कुल बेकार। लेकिन तुम आदमियों को हमारे जैसा नहीं होना चाहिए और न ही हम लोगों की नादानी का बदला नादानी से देना चाहिए। मैं अब मानती हूँ कि मैं ग़लत थी।

[वह महल की तरफ़ मुड़ती है।]

बच्चो, मेरे बच्चो यहाँ बाहर हमारे पास आओ। मेरे साथ अपने पिता का स्वागत करो और उसे अलविदा कहो। और अपनी माँ के साथ, जो अभी तक उसकी दुश्मन थी, दुबारा उसकी तरफ दोस्ती का हाथ बढ़ाने में शामिल होओ, जो हमें प्यार करता है।

[शिक्षक की देख-रेख में बच्चे प्रवेश करते हैं।]

हमारी आपस में सुलह हो गई है और हमारा सारा गुस्सा ख़त्म हो चुका है। उसके दाहिने हाथ को पकड़ लो—ओ खुदा, मैं किसी ऐसी बात के बारे में सोच रही हूँ जो रहस्यमय भविष्य में होने वाली है। ओ बच्चो, क्या तुम एक लम्बी ज़िन्दगी के बाद कब्र पर भी अपनी प्यार भरी बाँहें इसी तरह फैलाओगे? ओ बच्चो, आशंका से भरी मैं बस रोने-रोने को हूँ। तुम्हारे पिता के साथ इस झगड़े को मैं आखिरकार ख़त्म कर रही हूँ और देखो, मेरी मुलायम आँखें अचानक आँसुओं से भर उठी हैं।

कोरस : और मेरी आँखों में भी मुरझाए आँसू उतर आए हैं। काश! अब इससे बड़ी मुसीबत न पैदा हो जाए।

जेसन : जो कुछ तुमने कहा, उससे मेरी सहमति है। और जो कुछ तुमने पहले कहा था, मैं उसके लिए तुम्हें दोष भी नहीं दे सकता। यह एक औरत के लिए स्वाभाविक ही है कि वह अपने पति पर नाराज़ हो जाए, जब वह चोरी-चोरी किसी और से प्यार करने लगे। लेकिन अब तुम्हारी सोच अच्छी दिशा की तरफ मुड़ी है और अन्त में तुम सही निर्णय पर पहुँच गई हो, एक समझदार औरत की तरह से, जो तुम हो ही। और बच्चो, तुम्हारी देखभाल तुम्हारा बाप कर रहा है। उसने खुदा के शुक्र से, तुम्हारे लिए बहुत से साधन जुटा दिए हैं, क्योंकि मेरा ख्याल है कि ऐसा वक़्त आने वाला है जब तुम अपने भाइयों समेत कोरिंथ के सम्मानित नागरिक होओगे। जब तुम जवान हो जाओगे तो मैं तुम्हें अपने दुश्मनों के मुकाबले ज़्यादा ताक़तवर और तंदुरुस्त देखना चाहता हूँ। मीडिया तुम्हारी आँखें गहरे आँसुओं से क्यों गीली हैं? तुम्हारा चेहरा इतना फक्क क्यों है और मुझसे मुँह क्यों मोड़ लिया है? क्या मेरे ये अल्फाज़ सुनने में तुम्हें अच्छे नहीं लग रहे?

मीडिया : नहीं, ऐसा नहीं है। मैं इन बच्चों के बारे में सोच रही थी।

जेसन : तुम्हें तो खुश होना चाहिए। मैं उनकी अच्छी तरह से देखभाल करूँगा।

मीडिया : मुझे खुशी होगी ही। ऐसा नहीं है कि तुम्हारे लफ़्ज़ों पर मुझे

शिकायत नहीं है पर एक औरत का दिल बहुत ही कमज़ोर होता है।

जेसन : लेकिन इन बच्चों के लिए तुम इतना दुःख क्यों कर रही हो?

मीडिया : मैं उनकी माँ हूँ। जब तुमने दुआ की कि वे लोग ज़िन्दा रहें तो मुझे महसूस हुआ कि ऐसा हो पाएगा? मैं इस देश से ज़िलावतन हो रही हूँ, लेकिन क्या तुम क्रियान से प्रार्थना कर सकते हो कि बच्चों को यहाँ से न हटाया जाए ताकि तुम खुद उनकी देखभाल कर सको।

जेसन : मुझे शक है कि मुझे कामयाबी मिलेगी, लेकिन फिर भी मैं कोशिश करूँगा।

मीडिया : तो तुम अपनी पत्नी से कहो कि वह अपने पिता से प्रार्थना करे कि बच्चों को यहाँ से न हटाया जाए।

जेसन : ऐसा ही करूँगा और इसकी वज़ह से मुझे जरूर क़ामयाबी मिलेगी।

मीडिया : अगर वह भी हम जैसी ही औरत है तो तुम्हें ज़रूर क़ामयाबी मिलेगी। और मैं भी इस काम में तुम्हारी मदद करूँगी, क्योंकि मैं उसे कुछ तोहफे भेजूँगी। एक बहुत ही सुन्दर बुनी हुई पोशाक और एक सुनहरा मुकुट जिन्हें बच्चे उसे ले जाकर देंगे। जल्दी से, कोई वह खूबसूरत पोशाक यहाँ लेकर आ जाए।

[उसके नौकरों में से एक महल के भीतर जाता है।]

वह अपनी सेज को तुम्हारे जैसे अच्छे आदमी के साथ भोगकर सौ गुना खुश होगी। क्योंकि वह इस खूबसूरत पोशाक को पहने होगी जिसे मेरे पिता के पिता हेलियस ने अपनी अगली पीढ़ियों के लिए रख छोड़ा था।

[नौकर ज़हर बुझी पोशाक और मुकुट के साथ प्रवेश करता है।]

आओ बच्चो, शादी के इन तोहफ़ों को अपने हाथों में ले लो। इन्हें शाही दुल्हिन के पास ले जाओ और उसे भेंट करो।

जेसन : नहीं-नहीं, बेवकूफ़ी मत करो और इन चीज़ों को यहीं छोड़ दो। तुम क्या सोचती हो कि महल में पोशाकों की कमी हो गई

है? क्या वहाँ कुछ भी सोना नहीं बचा है? अपने पास रखो और इन्हें किसी को मत दो। अगर मेरी पत्नी मुझे किसी काम को समझाती है तो मुझे विश्वास है कि वह दौलत से ज़्यादा मुझे महत्त्व देगी।

मीडिया : नहीं, मुझे अपनी इच्छा पूरी कर लेने दो। लोग कहते हैं कि खुद देवता, तोहफों से प्रसन्न हो जाते हैं, और आदमियों को लफ़्ज़ों से ज़्यादा दौलत से वश में किया जा सकता है। यह तो उसकी क़िस्मत है जो देवताओं ने उसे बख़्शी है...वह ज़वान है और एक राजकुमारी है, अपने बच्चों के हित के लिए सिर्फ़ दौलत ही नहीं वरन अपनी ज़िन्दगी को ही कुर्बान कर दूँगी। बच्चो साथ-साथ शाही महल में जाओ और अपने पिता की नयी पत्नी के आश्रय में रहो। उससे प्रार्थना करो कि वह तुम्हें यहाँ से जाने न दे। उसे यह पोशाक भेंट करो, लेकिन एक बात याद रखना कि इस तोहफे को तुम्हारे हाथों से वह खुद प्राप्त करे। जाओ, जल्दी से जाओ। और इन बातों की क़ामयाबी का शुभ समाचार अपनी माँ को लाकर दो, जिनका वह बेसब्री से इन्तज़ार कर रही है।

[जेसन अपने नौकरों के साथ बाहर चला जाता है... पीछे-पीछे शिक्षक और ज़हरीले तोहफों के साथ बच्चे भी निकल जाते हैं।]

कोरस : अब बच्चों की ज़िन्दगी के लिए कोई आशा नहीं बची है। वे तो पहले ही हत्या की तरफ बढ़ चुके हैं—दुल्हिन, अभागी दुल्हिन सोने की पोशाक को स्वीकार कर लेगी और सुनहरे मुकुट को भी। खुद अपने हाथों से मौत के इस सामान को वह अपने सुनहरे बालों के चारों ओर बाँध लेगी। सुनहरी पोशाक की भव्यता, सुगन्ध और चमक उसे अपने ऊपर विनाश ओढ़ने के लिए आकर्षित करेगी और उसकी शादी अब मौत के गड्ढे में गिरने जैसी होगी। बेचारी, मौत के ऐसे पंजे में और इस शाप से कभी भी मुक्त न हो पाए, और तुम भी ओ अभागे दूल्हे, जो बादशाहों के साथ मेल-मिलाप में लगे हो, तुम्हें खुद पता नहीं कि तुम अपने बच्चों के लिए तबाही और

अपनी पत्नी के लिए एक भयानक मौत लेकर आए हो। ओ अभागे, यह तुम्हारा कैसा पतन है!

तुम्हारे दुःख पर मुझे, बच्चों की माँ, तुझ पर रोना आता है। अपने ही बच्चों की हत्या करोगी, उस प्यार के बदले में जिसे जेसन ने ठुकरा दिया है।

[बच्चों के साथ शिक्षक प्रवेश करता है।]

शिक्षक : मालकिन, मैं आपको सूचित कर दूँ कि इन बच्चों को आश्रय मिल गया है, और शाही दुल्हिन आपके तोहफों को अपने हाथों में लेकर प्रसन्न हुई है। उस लिहाज़ से बच्चे सुरक्षित रहेंगे। लेकिन भाग्यशाली होकर भी आप ऐसे खोई-सी क्यों खड़ी हैं? क्या मेरे इन लफ़्जों को सुनकर खुश नहीं हुईं?

मीडिया : ओह! अब मेरे लिए कुछ नहीं बचा।

शिक्षक : ऐसा कहना तो मेरी सूचना से मेल नहीं खाता।

मीडिया : सब कुछ ख़त्म हो गया।

शिक्षक : क्या मैंने गलती से तुम्हें किसी विनाश की सूचना दे दी?

मीडिया : तुम्हें जो कहना था, तुमने वही कहा है। मैं तुम्हें दोष नहीं दे रही।

शिक्षक : लेकिन फिर ये रोना?

मीडिया : मुझे रोना पड़ रहा है, बुज़ुर्गवार। देवताओं और मैंने...पागलपन में मैंने ही यह सारा जाल रचा था।

शिक्षक : हिम्मत रखो! तुम्हारे बच्चे तुम्हें भी वापस घर ले आएँगे।

मीडिया : इससे पहले कि ऐसा हो, मैं दूसरों को उनके घर पहुँचा दूँगी।

शिक्षक : आपसे पहले दूसरे लोग भी अपने बच्चों से अलग हुए हैं। इंसान को अपने दुर्भाग्य को सहना आना चाहिए।

मीडिया : यही मुझे करना होगा। भीतर जाओ और बच्चों के रोज़मर्रा के काम को पूरा करो।

[शिक्षक भीतर जाता है। मीडिया बच्चों से]

बच्चो, ओ मेरे बच्चो, तुम्हारे पास एक शहर है, एक घर है। तुम मुझे छोड़कर जा सकते हो और अपनी माँ के बिना तुम हमेशा के लिए वहाँ रह सकते हो। लेकिन मैं तो दूसरे देश में

ज़िलावतन हो रही हूँ, इससे पहले कि मैं तुम्हें खुश देख सकूँ, इससे पहले कि मैं तुम्हारी दुल्हिनों को सजा सकूँ, ओह! अपने ही तय किए ख़्यालों में मैं कितनी अकेली हूँ। आख़िर तुम्हें पैदा करने का मक़सद ही क्या था? जिसके लिए मैंने इतनी तक़लीफें उठाईं। इसमें कोई शक नहीं कि मुझे तुमसे बड़ी-बड़ी आशाएँ थीं कि तुम बुढ़ापे में मेरी देखभाल करोगे और जब मैं मर जाऊँ तो मुझे अपने हाथों से अच्छी तरह से दफना दोगे। ओह! लेकिन अब वह सुन्दर ख़्याल ख़त्म हो चुका है क्योंकि तुम्हारे बिना जो ज़िन्दगी मुझे जीनी है, वह उदास और पीड़ादायक होगी। और तुम अपनी माँ को अपनी प्यारी आँखों से कभी नहीं देख पाओगे। बच्चो, मुझे इस तरह से क्यों देखते हो? तुम्हारी आख़िरी मुस्कान में इतना प्यार क्यों? ओह! मैं क्या करूँ? मेरी आत्मा जैसे मेरे पास नहीं रही, जब मैंने बच्चों की आँखों में वह चमक देखी। मैं ये सब नहीं कर सकती। जो भी योजनाएँ मैंने पहले बनाई थीं, मैं उन्हें वापस लेती हूँ। मैं अपने बच्चों को यहाँ से दूर ले जाऊँगी। जो दर्द वे महसूस करेंगे, उससे मैं उनके पिता को चोट क्यों पहुँचाऊँ और खुद भी उससे दुगुना दर्द क्यों झेलूँ? नहीं-नहीं, मैं ऐसा नहीं करूँगी। मैं अपनी योजना वापस लेती हूँ। ओह! मुझे क्या हो गया है? क्या मैं अपने दुश्मनों को बच निकलने और अपने पर हँसने का मौका देना चाहती हूँ? मुझे इस सबका सामना करना ही होगा। ओह! कितनी कमज़ोर औरत हूँ जो अपने दिमाग में ऐसे मुलायम ख़्यालों को आने भी दे रही है। बच्चो, घर के अन्दर जाओ। मैं अपने षड्यन्त्र को नष्ट नहीं होने दूँगी। ओह! ओह! ओ मेरे दिल, तुम ऐसी बातें मत सोचो। उन्हें जाने दो और बच्चों पर दया करो। अगर वे एथेन्स में तुम्हारे साथ रहते हैं तो तुम्हें खुश रखेंगे। नहीं! नरक की बदले की आग की वज़ह से ऐसा नहीं होगा, ऐसा कभी नहीं होगा कि मेरे बच्चों को मेरे दुश्मनों के गुस्से का शिकार होना पड़े। अब तो सब कुछ तय हो चुका है। दुल्हिन बच नहीं पाएगी। नहीं, मुकुट अब उसके सिर पर है और वह, उस पोशाक में जल रही होगी, लेकिन सबसे मुश्किल रास्ता तो वह है जिस पर मुझे चलना

है और उन्हें तो मैं इससे मुश्किल रास्ते पर भेज रही हूँ, फिर भी मैं उनसे बात करना चाहती हूँ।

[वह बच्चों को अपने पास बुलाती है।]

आओ, बच्चो, आओ, अपने हाथ मुझे दो। अपने हाथ अपनी माँ को चूमने के लिए दो। ओह! ये प्यारे लगते हैं, और खुली-खुली आँखें और मेरे बच्चों का वजूद। मैं तुम्हारे लिए सुख की कामना करती हूँ, लेकिन यहाँ इस दुनिया में नहीं। यहाँ जो कुछ भी था, वह तुम्हारे पिता ने ले लिया। ओह! तुम्हें पकड़ना कितना अच्छा लगता है। कितनी मुलायम देह, कितनी मीठी साँसें। जाओ-जाओ, मैं तुम्हें और ज़्यादा देखती रह सकती।

[बच्चे भीतर चले जाते हैं।]

मुझे पता है कि मुझे कौन-सा पाप करना है, लेकिन इन बाद के ख़्यालों से भी ज़्यादा ताक़तवर मेरा गुस्सा है और गुस्सा ही आदमियों पर बड़ी से बड़ी बुराई तारी करता है।

[दाहिनी तरफ से ही सन्देशवाहक प्रवेश करता है।]

सन्देशवाहक : मीडिया, तुमने ऐसा भयंकर काम किया है, इतना घिनौना कि अपनी जान बचा कर भागो और अपने साथ जो कुछ ले जा सकती हो ले जाओ–यहाँ से जाने के लिए एक जहाज़ या ज़मीन पर चलने के लिए रथ।

मीडिया : लेकिन इस तरह से भागने का क्या कारण है?

सन्देशवाहक : शाही राजकुमारी मर चुकी है...अभी थोड़ी देर पहले और उसके पिता क्रियान भी मर चुके हैं...तुम्हारे ज़हर के द्वारा...

मीडिया : कितने अच्छे अल्फ़ाज़ हैं तुम्हारे। आज से मैं तुम्हें अपने शुभचिन्तकों और दोस्तों में शुमार करूँगी।

सन्देशवाहक : क्या? तुम्हारा दिमाग ठिकाने पर तो है? तुम पागल तो नहीं हो? बादशाह का घर बरबाद करके रख दिया तुमने। क्या तुम्हें मज़ा आ रहा है? ऐसे कामों को करने में डर नहीं लगता?

मीडिया : तुम जो कुछ कह रहे हो, उसके जवाब में मुझे भी अपनी तरफ

से कुछ कहना है। जल्दबाज़ी मत करो, दोस्त! पहले बताओ कि उनकी मौत कैसे हुई? तुम मुझे इससे भी दुगुनी खुशी प्रदान करोगे अगर तुमने बताया कि उनकी मौत बेहद तकलीफ में हुई।

सन्देशवाहक : जब तुम्हारे बच्चे अपने पिता के साथ अन्दर आए और दुल्हिन के कक्ष की तरफ गए तो हम गुलाम भी खुश हुए जो तुम्हारे गलत कामों से काफी परेशान थे। पूरे घर में हम लोग यही चर्चा करते रहे कि तुमने और तुम्हारे पति ने झगड़ा ख़त्म कर लिया है। मैं खुद इतनी खुशी से भर उठा कि बच्चों के पीछे-पीछे हरम की तरफ चला गया। हमारी मालकिन की आँखें उत्सुकता से जेसन का इन्तज़ार कर रही थीं, इससे पहले कि वह तुम्हारे बच्चों को वहाँ देखती। फिर उसने अपनी आँखें ढक लीं, उसका चेहरा पीला पड़ गया और उसने जेसन से मुँह मोड़ लिया, क्योंकि बच्चों को वहाँ देखते ही वह नफ़रत से भर उठी। लेकिन तुम्हारे पति ने उसके गुस्से को शान्त करने की कोशिश की और कहा, 'तुम्हें अपने दोस्तों से बेरुखी नहीं करनी चाहिए। गुस्सा मत करो। मेरी तरफ देखो। जो तुम्हारे पति के दोस्त हैं, उन्हें अपने दोस्तों की तरह से ही लो। ये तोहफे स्वीकार कर लो और अपने पिता से प्रार्थना करो कि इन बच्चों को अपनी ज़िलावतनी से मुक्ति मिल जाए। मेरे लिए ऐसा कर दो।' जब दुल्हिन ने पोशाक को देखा तो वह अपने आप को रोक न सकी। उसने सब मान लिया जो उसके पति ने कहा था और इससे पहले कि जेसन और बच्चे महल से बाहर आते, उसने अपने आप वह भड़कीली पोशाक पहन ली और सुनहरे मुकुट को अपने घुँघराले बालों के ऊपर रख लिया। लेकिन इसके बाद उसको देखना बहुत डरावना था। उसके चेहरे का रंग बदलने लगा और वह पीछे घिसटने लगी। झाग निकलने लगा, उसकी आँखों की पुतलियाँ घूमने लगीं और उसका चेहरा रक्तहीन हो गया। फिर वह अलग तरह से चिल्लाई—एक बड़ी भयानक चीख...और औरतें इधर-उधर भागीं...एक बादशाह के पास, दूसरी नये-नवेले पति के पास, यह बताने कि उसकी दुल्हिन को क्या हो गया था और पूरे महल में शोर-शराबा मच

गया। उसके सर पर रखा वह सोने का मुकुट सब कुछ निगलने वाली आग की लपटें उगल रहा था और तुम्हारे बच्चों ने जो सुन्दर पोशाक दी थी, वह उसकी खूबसूरत देह पर कसती जा रही थी। वह कुर्सी से उछल पड़ी और आग की लपटों में घिरी भागने लगी, अपने बालों को इधर-उधर झटकती हुई ताकि मुकुट को दूर फेंक सके, लेकिन सोने ने अपनी जकड़ मज़बूत कर रखी थी और जब वह अपने बालों को झटकती, आग की लपटें और भी घनी होकर निकलतीं। फिर वह अपनी क़िस्मत से हारकर ज़मीन पर गिर पड़ी। उसके सर से खून और आग एक तरफ निकल रहे थे, मानो पाइन की छाल पर बूँदें गिर रही हों क्योंकि उसकी हड्डियों का मांस ज़हर के असर से फटकर अलग हो चुका था। एक डरावना नज़ारा था वह...लाश को छूने की हिम्मत किसी को नहीं हुई। लेकिन उसके पिता, जिन्हें इस घटना के बारे में कुछ पता नहीं था, अचानक कमरे में घुसे और लाश पर गिर पड़े। उसे चूमा और बोले, 'ओ मेरी प्यारी बच्ची, किस आसमानी ताक़त ने तुम्हें इतनी बेशर्मी से नष्ट कर दिया है?' जब वह अपनी बात ख़त्म कर चुके तो बुजुर्गवार ने अपने पैरों पर उठने की कोशिश की लेकिन पेड़ से चिपकी टहनियों की तरह वह सुन्दर पोशाक से चिपक गए थे और उन्होंने छूटने की बहुत कोशिश की। वह ऊपर उठने की कोशिश कर रहे थे और वह उन्हें नीचे खींच रही थी। इस छीना-झपटी में उनकी हड्डियों का पुराना मांस उखड़ता जा रहा था। आखिरकार उनकी ज़िन्दगी बुझ गई। और बेटी...वे वहाँ साथ-साथ लेटे हैं। सिर्फ़ लाशें...जहाँ तक तुम्हारे भले की बात है, मैं उसके बारे में कुछ नहीं कहूँगा; क्योंकि तुम सज़ा से बचने का अपना रास्ता ढूँढ़ ही लोगी। मैं सोचता हूँ कि हमारी जिस्मानी ज़िन्दगी सिर्फ़ एक छाया है और मुझे यह कहने में कोई डर नहीं कि जो लोग बुद्धिमान समझे जाते हैं और जो हमेशा चीज़ों के कारणों की तलाश करते हैं, वही अपने ऊपर सबसे ज़्यादा दुःखों को ओढ़ते हैं। आदमियों में कोई भी ऐसा नहीं है जो सुखी हो। अगर किसी के पास दौलत आ जाती है तो वह अपने पड़ोसी से ज़्यादा

भाग्यशाली हो सकता है लेकिन फिर भी सुखी नहीं!

[बाहर चला जाता है।]

कोरस : आज के दिन जन्नत ने जेसन पर न जाने कितनी बुरी अलामतें तारी कर दी हैं और जेसन खुद उनके लिए ज़िम्मेदार है। बेचारी बच्ची, क्रियान की बेटी, मैं तुम पर और तुम्हारी बदक़िस्मती पर दया करती हूँ, क्योंकि जेसन से शादी करके तुम बहुत दूर हेडस के घर चली गई हो।

मीडिया : और तो, मुझे जल्दी से जल्दी बच्चों को मारकर इस जगह को छोड़ देना है...यह मेरा काम निश्चित है। वक़्त बिल्कुल भी बरबाद नहीं करना ताकि मेरे बच्चे किसी दूसरे द्वारा न मार दिए जाएँ, जो उनके प्रति कम दयालु हो। जब हर तरह से उन्हें मारना ही है, और यह होना ही है तो मैं, उनकी माँ उन्हें मार दूँगी। ओह! मेरे दिल अपने आपको लोहे का बना लो! इस घृणित और बेहद ग़लत काम को करने से पीछे मत हटो। ओह! बढ़ो, मेरे क्रूर हाथ आगे बढ़ो और छुरी को पकड़ो क्योंकि उस लक्ष्य तक पहुँचने की यही कड़वी शुरुआत है और कायर मत बनो। न ही यह सोचो कि वे कितने प्यारे हैं और तुम उनकी माँ हो। सिर्फ़ एक दिन के लिए अपने बच्चों को भूल जाओ। बाद में बेशक रोना, क्योंकि हालाँकि तुम उन्हें मार दोगी, फिर भी वे बहुत प्यारे थे...ओह! मैं एक बदनसीब औरत हूँ।

[एक चीख़ के साथ वह महल के अन्दर जाती है।]

कोरस : ओ ज़मीन और सूरज की दूर-दूर तक चमकती किरणो, इस अभागी औरत को हिकारत से देखो, इससे पहले कि वह अपने ही मांस और खून पर हत्या का हाथ उठाए। तुम लोगों की दैवी उत्पत्ति से ही वह पैदा हुई और अब मुझे डर है कि आदमियों द्वारा ही दैवी रक्त बहाया जाएगा। ओ आसमानी रोशनी, उसका हाथ पकड़ लो, रोक लो उसे और नरक के खूनी तूफ़ान को महल से परे धकेल दो।

बच्चों की देखभाल, जिन्हें तुमने जन्म दिया और प्यार किया,

एकदम बेकार गई जब तुमने सिम्पलेगेडस की गहरी नीली चट्टानों वाले समुद्र को पार किया। ओ क्रूर औरत, तुम्हारे दिल में इतना गुस्सा क्यों भरा हुआ है? आदमी जो खून बहाते हैं, खुदा उनके घरों पर तबाही लाकर उनसे उसकी क़ीमत वसूल करता है।

[एक बच्चे की चीख़ सुनाई पड़ती है।]

कोरस : क्या तुमने चीख सुनी? क्या तुमने बच्चों की चीखें सुनीं? ओ कठोर हृदय, ओ बुराई पर आमादा औरत!

एक बच्चा : **(भीतर से)** क्या करूँ मैं और अपनी माँ के हाथों से कैसे बचूँ?

दूसरा बच्चा : **(भीतर से)** मेरे प्यारे भाई मुझे नहीं पता। हम तबाह हो गए।

कोरस : क्या मैं महल में जाऊँ? हाँ सच, मुझे बच्चों को हत्या से बचाना चाहिए।

एक बच्चा : **(भीतर से)** खुदा के वास्ते, हमारी मदद करो, क्योंकि हमें तुम्हारी मदद की ज़रूरत है। हमारा अन्त आ पहुँचा है। हम छुरी से घिर गए हैं।

कोरस : ओह! तुम्हारा दिल चट्टान या लोहे का बना होगा जो तुम अपने ही गर्भ के फल को अपने हाथों से नष्ट कर सकती हो। पुराने वक़्तों में से मैंने एक, सिर्फ़ एक और के बारे में सुना है जिसने अपने ही बच्चों की हत्या की...इनो, जिसे देवताओं ने पागल कर दिया, जब ज्यूस की पत्नी ने उसे अपने घर से निकाल दिया और भटकने के लिए छोड़ दिया। अपने बच्चों का खून बहाने जैसी गन्दी हरकत के कारण वह खुद भी समुद्र में कूद पड़ी और अपने दोनों बच्चों के साथ मरने के लिए समुद्र की चादर पर लेट गई थी। इससे ज़्यादा भयानक और क्या हो सकता है? ओ औरत के प्यार, इतनी मुसीबतों से भरे, तुम पहले ही कितने पाप कर चुके हो!

[नौकर-चाकरों के साथ जेसन प्रवेश करता है।]

जेसन : इस महल के सामने खड़ी औरतो, क्या वह मीडिया, जिसने यह घृणित काम किया है, अभी महल में ही है या डर कर भाग गई है? उसे अपने आपको ज़मीन में छिपाना होगा या पंख

लगाकर ऊपर हवा में उड़ जाना होगा, अगर वह शाही गुस्से से बचना चाहती है। क्या वह सोचती है कि हमारे शासकों को मारकर वह इस महल से सही-सलामत भाग जाएगी? लेकिन मुझे उससे ज़्यादा बच्चों की चिन्ता है क्योंकि जो कुछ उसने किया है, उसके लिए बादशाह के दोस्त उसे तकलीफ देंगे। इसलिए मैं अपने बच्चों की ज़िन्दगी बचाने आया हूँ कि कहीं उनकी माँ के शैतानी काम के बदले में शाही महल के लोग उन बच्चों को ही नुकसान न पहुँचा दें।

कोरस : ओ जेसन! काश, तुम्हें पता होता कि तुम दुःखों से किस तरह घिर गए हो तो तुमने ऐसा न कहा होता।

जेसन : क्या बात है? यही कि वह मुझे भी मारने की योजना बना रही है?

कोरस : तुम्हारे बच्चे मर चुके हैं और खुद अपनी माँ के हाथों से।

जेसन : क्या! ऐसा हो गया है? ओ औरत, तुमने मुझे बर्बाद कर दिया।

कोरस : तुम्हें खुद तसल्ली कर लेनी चाहिए कि तुम्हारे बच्चे ज़िन्दा नहीं हैं।

जेसन : उसने उन्हें कहाँ मारा? यहीं या महल के अन्दर?

कोरस : दरवाज़े खोलो और तुम उन्हें मरा हुआ पाओगे।

जेसन : आदमियो, जल्दी से दरवाजों के ताले खोलो, उनकी रस्सियाँ ढीली करो और मुझे इस दोहरे पाप को देखने दो...मेरे मरे हुए बच्चे और वह ...ओह! उससे तो मैं ज़रूर निपटूँगा।

[उसके चाकर दरवाज़े की तरफ बढ़ते हैं। अजगरों द्वारा खींचे जा रहे रथ में मीडिया महल के ऊपर दिखाई पड़ती है। बच्चों की लाशें भी उसके साथ हैं।]

मीडिया : तुम क्यों इन दरवाज़ों को तोड़-फोड़ करके उन्हें खोलने की कोशिश कर रहे हो कि तुम लाशों और मुझे ढूँढ़ सको, जिसने यह काम किया? तुम इतनी तक़लीफ मत उठाओ और यदि तुम्हें मेरी ज़रूरत है तो बोलो। तुम कभी भी मुझे अपने हाथों से छू नहीं पाओगे। क्योंकि मेरे पिता के पिता हेलियस ने मुझे यह रथ अपने दुश्मनों से बचने के लिए ही दिया है।

जेसन : तुम काबिले नफ़रत, तुम औरत जो देवताओं, मेरे और मनुष्यता

की पूरी नस्ल द्वारा सबसे ज़्यादा नफ़रत की जाने वाली, तुम जिसके पास अपने ही बच्चों पर तलवार उठाने का माद्दा था और मुझे सन्तानहीन कर दिया...इतना सब कुछ करने के बाद भी तुम सूरज और धरती से आँख मिलाने की हिम्मत कर सकती हो? मेरी इच्छा है कि तुम्हें मरा हुआ देखूँ। अब मुझे साफ समझ में आ रहा है जबकि उस वक़्त नहीं समझा था, जब मैं तुम्हें विदेशी भूमि से यूनानी भूमि पर लाया था। अपनी ही मातृभूमि और पिता से गद्दारी करने वाली! देवताओं ने बदले की यह बद्दुआ मुझ पर तारी कर दी, क्योंकि अपने ही भाई की हत्या करके तुम उस खूबसूरत जहाज़ आर्गो पर सवार हो गईं। वह तुम्हारी शुरुआत थी। जब तुम्हारी मुझसे, अपने पति से शादी हुई और तुमने बच्चे पैदा किए तो बिस्तर के सुख के बदले में ही तुमने उन्हें मार डाला।

कोई भी यूनानी औरत ऐसा करने का दुस्साहस नहीं कर सकती थी। उन सब औरतों को छोड़कर मैंने तुम्हें चुना...एक औरत को नहीं वरन एक डायन को, जिसका स्वभाव टस्कान समुद्र के स्काइला से भी ज़्यादा जंगली है। आह! तुम पर तो शर्म के दस हज़ार लफ़्जों की मार का भी कोई असर नहीं होने वाला। तुम तो पत्थर हो चुकी हो। अपने ही बच्चों के खून में रंगी, बुरे कामों को अंज़ाम देने वाली औरत...जाओ! मेरे लिए अपनी क़िस्मत पर ज़ोर-ज़ोर से रोने के सिवा अब क्या रह गया है...न तो मुझे अपने नये-नये प्यार का कोई सुख मिलने वाला है और न ही मैं उन बच्चों से कभी बात कर पाऊँगा जिन्हें मैंने पैदा किया और बड़ा किया। ओह! सब कुछ खत्म हो चुका है।

मीडिया : तुम्हारे लफ़्जों का मुझे बहुत लम्बा जवाब देना पड़ेगा, अगर पिता ज्यूस को यह न पता होता कि कैसे मैंने तुमसे व्यवहार किया और तुमने मेरे साथ क्या किया है? नहीं, यह नहीं हो सकता था कि तुम मेरे प्यार का निरादर करके, मुझ पर हँसते हुए मज़े से अपनी ज़िन्दगी गुज़ारते और न ही राजकुमारी या क्रियान, जिसने यह रिश्ता मंजूर किया, बिना इसकी क़ीमत चुकाए मुझे यहाँ से धकेल पाते। अगर तुम चाहो तो मुझे एक

डायन कह सकते हो...टस्कान समुद्र की गुफ़ाओं में रहने वाला स्काइला। मैंने भी तुम्हारे दिल को अपने वश में कर लिया है और ऐसा मुझे करना ही था।

जेसन : तुम खुद उस दर्द को महसूस कर रही हो और मेरे दुःख में साझीदार हो।

मीडिया : हाँ, और मेरा दुःख ही सब कुछ है, क्योंकि तुम उस पर हँस नहीं सकते।

जेसन : ओ बच्चो! तुम्हारी माँ कितनी निष्ठुर थी।

मीडिया : वे एक बीमारी से मरे जो उन्हें अपने बाप से मिली थी।

जेसन : नहीं, वे मेरे हाथ से नष्ट नहीं हुए।

मीडिया : लेकिन यह तुम्हारा घमण्ड ही था—तुम्हारी कुँवारी दुल्हिन।

जेसन : और सिर्फ़ उस वज़ह से तुमने उनकी हत्या करने को तय कर लिया।

मीडिया : तुम क्या सोचते हो प्यार औरत के लिए छोटी-सी चीज़ है?

जेसन : एक समझदार औरत के लिए निश्चय ही। लेकिन तुम तो पूरी तरह से बुराई ही हो।

मीडिया : बच्चे मर चुके हैं। ऐसा मैं तुम्हें, तकलीफ़ पहुँचाने के लिए कह रही हूँ।

जेसन : मेरे ख़्याल में बच्चों की बद्‌दुआएँ तुम्हें लगेंगी।

मीडिया : अच्छी तरह से जानते थे कि इस पीड़ा का लेखक कौन है?

जेसन : हाँ, सच, देवताओं को पता था। उन्हें तुम्हारे नफ़रत से भरे दिल के बारे में पता है।

मीडिया : मुझसे नफ़रत करो। लेकिन मैं तुम्हारी कड़वाहट से ऊब गई हूँ।

जेसन : और मैं तुम्हारी कड़वाहट से। तुम्हें अपने से अलग करना आसान हो गया है।

मीडिया : क्यों? मैं क्या करूँ? मैं भी तुमसे अलग होना चाहती हूँ।

जेसन : दफनाने और उनका शोक मनाने के लिए वे लाशें मुझे दे दो।

मीडिया : नहीं, यह तो मैं नहीं होने दूँगी। मैं खुद उन्हें दफन करूँगी—हेरा के मन्दिर में उनकी कब्रें बनाकर, ताकि कोई दुश्मन उनके साथ बुरा सुलूक न कर सके। कोरिंथ के इस शहर में मैं एक पवित्र त्योहार और बलिदान हर साल मनाऊँगी ताकि अपने खूनी

जुल्म का पश्चात्ताप कर सकूँ। और मैं खुद ऐरेक्थयूस में पांडियोन के बेटे ऐजियस के घर में जाकर रहूँगी। जबकि तुम, और वह ठीक भी है, बिना किसी नाम के मरोगे—आर्गो की लकड़ी के एक टुकड़े से सर पर चोट खाकर और तुम मेरे प्यार के क्रूर अन्त का परिणाम देखोगे।

जेसन : काश! बच्चों की वज़ह से एक तूफान तुम्हें नष्ट कर दे और खून के बदले में न्याय मिले।

मीडिया : एक धोखेबाज़, एक शपथ तोड़ने वाले की बातों पर कौन-सी आसमानी ताकतें ध्यान देंगी?

जेसन : बच्चों की हत्यारिनी, नफ़रत है मुझे तुमसे।

मीडिया : अपने महल में जाओ और अपनी दुल्हिन को दफ़न करो।

जेसन : मैं दोनों बच्चों के साथ शोक करने जाऊँगा।

मीडिया : अभी भी तुम महसूस नहीं कर पा रहे। भविष्य का इन्तज़ार करो।

जेसन : ओह! बच्चे जिन्हें मैं प्यार करता था।

मीडिया : मैं प्यार करती थी उन्हें, तुम नहीं।

जेसन : तुम उनसे प्यार करती थीं और उनकी हत्या कर दी?

मीडिया : ताकि तुम भी पीड़ा महसूस करो।

जेसन : ओह! कितना अभागा हूँ मैं! अपने बच्चों के होंठ चूमने की किस क़दर इच्छा हो रही है।

मीडिया : अब तुम उनसे बात करना चाहते हो, अब तुम उन्हें चूमना चाहते हो? तब तुमने उन्हें ठुकरा दिया था!

जेसन : प्रार्थना करता हूँ तुमसे कि मुझे अपने बच्चों की मुलायम चमड़ी को छू लेने दो।

मीडिया : मैं ऐसा नहीं करने दूँगी। तुम फिज़ूल में बोले चले जा रहे हो।

जेसन : ओ खुदा, क्या तुम सुनते हो, इस डायन, बच्चों की हत्यारिनी औरत से जो मुझे सज़ा और पीड़ा मिली है? फिर भी मैं जो कुछ कर सकता हूँ, करूँगा। मैं चिल्ला-चिल्ला कर आसमानी देवताओं को अपना गवाह बनाकर कहूँगा कि कैसे तुमने मेरे बच्चों की हत्या की और अब मुझे उनकी लाशें छूने और उन्हें दफ़न करने से रोक रही हो। काश! मैंने उन्हें पैदा ही नहीं किया होता, अगर बाद में उन्हें तुम्हारे हाथों मरना था!

कोरस : ओलम्पिस में ज़्यूस बहुत-सी बातों का ख़्याल करते हैं। देवता हमारे विवेक से भी आगे बहुत-सी चीज़ों को पा लेते हैं। जो हमें लगता है कि होगा या नहीं होगा, देवता उसका जाल रच लेते हैं और इस कहानी में ऐसा ही होता है।

(पर्दा)

●●●